城市交通需求管理培训手册

安德里亚·伯德斯（美）　托德·利特曼（加）　戈彼纳·梅农（新）　著
温慧敏　刘莹　苏印　高永亮　译
郭继孚　译审

中国建筑工业出版社

图书在版编目（CIP）数据

城市交通需求管理培训手册/（美）伯德斯，（加）利特曼，（新）梅农著；温慧敏等译．—北京：中国建筑工业出版社，2009
ISBN 978-7-112-11389-7

Ⅰ.城… Ⅱ.①伯…②利…③梅…④温… Ⅲ.城市运输－交通运输管理－手册 Ⅳ.U491-62

中国版本图书馆CIP数据核字（2009）第176271号

责任编辑：徐　冉　陆新之
责任设计：崔兰萍
责任校对：陈　波　梁珊珊

城市交通需求管理培训手册
安德里亚·伯德斯(美)　托德·利特曼(加)　戈彼纳·梅农(新)　著
温慧敏　刘莹　苏印　高永亮　译
郭继孚　译审
*
中国建筑工业出版社出版、发行（北京西郊百万庄）
各地新华书店、建筑书店经销
北京嘉泰利德公司制版
北京中科印刷有限公司印刷
*
开本：850×1168毫米　1/16　印张：$7^{3}/_{4}$　字数：200千字
2009年10月第一版　2010年5月第二次印刷
定价：48.00元
ISBN 978-7-112-11389-7
(18633)

城市交通需求管理培训手册

作　者：安德里亚·伯德斯、托德·利特曼、戈彼纳·梅农。另致谢美国环境保护协会迈克尔·瑞皮罗格尔先生对早期草案进行注释。

主编单位：德国技术合作公司

委托人：德国联邦政府经济合作与发展部

Bundesministeriumfurwirschaftliche

ZusammenarbeitundEntwicklung（BMZ）Friedrich-Ebert-Allee40

53113Bonn，Germanyhttp://www.bmz.de

中文翻译：北京交通发展研究中心（北京市宣武区北滨河路 9 号，http://www.bjtrc.org.cn）

序　言

当前，对于城市近期、中期及远期可能出现的交通问题，发展中国家的城市需要一种更加开阔和有效的解决思路。近年来这些城市的经济快速发展带来了机动车保有量的加速增长，进而出现了世界上迄今为止前所未有的交通拥堵。面对非常严峻的交通形势，发展中国家的城市也许需要在持续改善公共交通、步行和自行车出行环境的同时，通过实施本培训材料中介绍的交通需求管理（TDM）措施来引导机动车的合理使用。

2008 年 3 月在开展亚洲可持续城市机动化项目过程中，德国技术合作公司与新加坡国土运输学会（LTA）及美国环境保护协会合作筹备 TDM 培训课程，并由北京交通发展研究中心译为中文。在本书的编译过程中，许多专家提出了非常宝贵的修改意见。本书以发展中城市为对象，为那些期望在 TDM 方面得到更多帮助的城市提供了课程材料及培训课程。

前 言

当前，世界上几乎所有的经济发达城市都在受到交通拥堵以及由其带来的其他衍生问题的困扰。特别是一些发展中国家的城市，他们正处在现代化、城市化和机动化共振的时期，以数倍于发达国家城市的速度追赶其机动化的步伐，故而交通发展过程中暴露出来的矛盾更加尖锐，甚至成为了制约城市经济社会发展的瓶颈，因此解决这些问题也便成为了当地政府以及专家学者共同关注的热点问题。

长时间以来，人们认为解决城市交通拥堵问题的基本对策是加强交通基础设施建设，提高整个路网的交通容量，以满足交通需求。实践证明，这样的需求追随型交通发展战略虽然在一定时期内有效地缓解了城市交通拥堵问题，但也导致了交通需求更加迅猛地膨胀，从而带来新一轮更加严重的交通拥堵。近年来，交通专家开始认识到，仅靠交通供给方面的对策很难从根本上解决城市交通供求不平衡的矛盾，因此提出了交通需求管理（TDM）的概念，明确了从供、求两个方面解决城市交通问题的思想，这是交通规划和解决城市交通问题的指导思想的重大转变。

TDM 起源于美国，目前美国、日本及欧洲的一些国家围绕综合治理城市交通问题以及 TDM 对策，正在开展广泛的研究和应用，结果表明，TDM 对策对解决城市交通拥堵问题已取得相当好的效果，这些发达国家也在实施 TDM 政策措施的过程中积累了宝贵的成功经验和失败教训。

德国技术合作公司（GTZ）根据多年来在世界范围内发展中国家城市交通咨询的成功案例和经验，邀请相关领域全球知名专家撰写了 TDM 培训手册（Transportation Demand Management Training Document）。该手册的主要内容包括五部分：第一部分讨论了发展中国家面临的交通挑战和 TDM 措施在解决这些问题方面可能发挥的作用；第二部分给出了 TDM 措施的理论背景、相关概念和专业术语；第三部分描述了提高交通出行效率的具体方法，包括步行、自行车、合乘、公共交通和网络化通信；第四部分介绍了有助于鼓励高效交通出行方式的各种激励措施；第五部分阐述了聪慧式增长的土地使用政策，以及它们在提高可达性、创造多交通方式社区方面的作用。

北京交通发展研究中心经 GTZ 公司授权将此手册译为中文出版发行，以期为我国城市交通发展的战略制定提供决策参考，同时也为从事相关领域科学研究和学习的交通工作者提供更加开阔的思路，当然本书亦不失作为教育工作者进行 TDM 培训课程的优秀教材。

目 录

绪 论

交通需求管理（Transportation Demand Management）也叫出行需求管理（Travel Demand Management，简称 TDM），其目的是通过调控不必要的私人机动车出行需求，鼓励采用更加高效、节能、环保的公共交通和非机动化出行方式，实现城市交通系统效用的最大化。

TDM 政策将为城市生产生活的方方面面带来改善（表 0–1），除具有“缓解交通拥堵”、“改善空气质量”等大众关注的效果外，还包括“提高交通安全性”等传统交通规划管理中容易忽略的内容。综合考量各种交通策略的“得与失”，TDM 通常是成本效益最高的选择之一。TDM 由于实施成本低，给城市财政带来的压力较小，尤其适合财力有限的发展中国家的城市。众多经验表明，综合应用多种 TDM 措施，是实现城市交通可持续发展和社会效益最大化的有效途径。

当前，TDM 措施主要分为“推动”措施和“拉动”措施两大类。“推动”即提高小汽车使用门槛，降低其吸引力；“拉动”即通过各种途径提高公共交通和非机动化出行的吸引力。两类措施之间既相互独立，又相互辅助。

TDM 措施的基本着眼点包括：

（1）增加交通出行方式的多样性和可选择性。

（2）实行经济措施。

（3）促进聪慧式的发展和土地利用管理模式。合理的土地利用模式是调控出行需求、提高交通系统效率的根本途径。

TDM 措施的潜在效益[①] **表 0–1**

潜在效益	详细描述
缓解交通拥堵	减少拥堵，使小汽车、公交车、步行和自行车等方式的出行更加畅通
节约道路成本	节约道路基础设施的修建、养护和经营成本
节约停车成本	缓解停车矛盾，节约停车设施建设成本
减少出行成本	减少出行者交通支出
增加机动化出行选择	增加交通出行选择，特别是无车群体的出行选择
道路安全	降低交通出行的危险
能源节约	减少人均能源消耗
减少尾气排放	减少人均污染物排放量
高效土地使用	提高社区可达性，减少人均土地占用面积
公共健康	增加锻炼机会，改善公众健康

① TDM 有助于决策者实现多种规划目标。进行 TDM 效果评价时必须注意，尽管单一措施不能满足所有的目标，但 TDM 综合措施确实可以获得更加全面的综合效果。

本书将致力于为交通决策者和规划者提供系统的 TDM 知识和丰富的 TDM 案例，帮助决策者实行 TDM 政策措施时作出适宜的选择。

本书的第一、二部分介绍 TDM 理念、特点和相关利益群体，第三、四、五部分介绍具体措施和相关案例：

第一部分讨论了发展中国家面临的交通挑战和 TDM 措施在这方面可能发挥的作用。

第二部分给出了 TDM 措施的相关理论、基本概念和专业名词。

第三部分描述了提高出行效率的具体方法，包括步行、自行车、小汽车合乘、公共交通和网络化通信。

第四部分介绍了鼓励高效出行方式的各种激励措施。

第五部分介绍了聪慧式增长和土地利用规划在提高可达性、建设多出行方式社区方面的作用。

1　交通需求增长：发展中国家面临的交通挑战

在资源有限，步行、自行车、合乘车及公共交通作为主要出行方式的发展中国家城市，TDM 是非常有效的政策措施。经验表明，改善道路条件将促进地区经济发展，加快经济全球化进程，但盲目的道路投资也会损害贫困人群的利益。例如，大规模修建的高速公路占用了过多的街区土地，阻碍了步行和自行车出行；机动车交通量的增加严重威胁着行人和自行车使用者的人身安全（图 1–1 ～图 1–4）。由于越来越多的道路空间被私人机动车占据，自行车和行人被“挤出”道路，公共交通的机动性也随之降低。

图 1–1　机非混行的道路上拥堵不堪（Armin Wagner，中国平遥，2006 年）

许多发达国家城市正在采取多种措施，鼓励人们采用步行、自行车和公共交通等方式，从而缓解小汽车过度使用引发的交通问题。而发展中国家城市恰恰有机会从一开始就避免问题的发生——实施 TDM 政策，建立均衡高效的交通运输系统。

TDM 政策能够保证交通投资的公平合理，缓解乃至最终解决交通拥堵、环境污染等困扰全球的机动化问题。此外，在发展中国家城市，限制机动车使用或拥挤收费等强硬措施遇到的阻力相对较小。

图 1–2　道路拥堵的混乱场面（Carlosfelipe Pardo，印度德里，2005 年）

图 1–3　步行设施不足滋生危险的横穿道路行为（Karl Fjellstrom，马来西亚吉隆坡，2001 年）

图 1–4　基础设施大规模建设并未使城市交通获得明显改观（Karl Fjellstrom，泰国曼谷，2005 年）

案例 1　发展中国家快速机动化进程对城市发展的影响①

众多城市的机动化发展历程验证了一个规律，机动车使用强度与保有量的变化趋势相一致。目前，经合组织成员国和非经合组织国家的机动车使用强度都在增加，相对而言后者增速更快。

图 1–5　发展中国家城市正处于两轮机动车与小汽车混合发展阶段，道路混乱且拥堵（Abhay，印度德里，2005 年）

分析发展中国家机动车增长问题时，必须考虑机动车质量问题，特别是高污染的二手汽车市场。以发展中国家秘鲁为例，由于取消了二手车进口限制，秘鲁老旧二手车保有量年增长率达 70%（Zegras，1998 年）。维修设施的缺乏和有限的车辆检测技术意味着发展中国家机动化过程中遇到的问题要比同等水平的发达国家严重数倍。发展中国家城市随处可见狭窄的道路、老旧的街道、低水平的交通系统，出现了严重的交通拥堵。

在亚洲和非洲部分地区，在由非机动化交通向机动化交通转变的过渡时期，小型踏板机动车和摩托车是首选的交通工具（图 1–5）。在新德里，45%

① 资料来源：《可持续交通：发展中国家城市决策者的资料手册》3e 分册：无车化发展模式。作者：德国技术合作公司的劳埃德·赖特（Lloyd Wright）。http://www.sutp.org。

的交通颗粒物排放和2/3的未燃烧的碳氢化合物来自装有双冲程发动机的二轮挂车或三轮车，其每公里的污染物排放量是一辆性能良好的小汽车的10倍（Gwilliam，2003年，第205页）。

在大多数发展中国家城市，两轮机动车始终是过渡的交通工具，在居民收入提高、公共交通效率低下，进口限制放宽等因素的共同刺激下，这些城市迟早会出现私人小汽车急剧膨胀的态势。

很少有地区能像亚洲一样在短时期内浓缩展现世界城市百年机动化历程，这种现象在中国和印度尤为突出。目前，中国每1000人拥有9辆机动车（欧洲430辆，美国700辆）。中国获准加入WTO后将进一步刺激小汽车普及，2006年汽车关税将由2005年的80%降至25%。与小汽车进入家庭浪潮相伴的是道路、桥梁等基础设施建设的高峰。1987～2004年，中国高速公路从无到有，一举达到34000km，是2000年里程数的2倍。据2020年规划，高速公路里程届时还将再翻一番。

和50年前美国机动化进程惊人的相似，蜂拥而至的小汽车带来了社会文化的变革，并通过各种方式改变了中国人的生活。在上海，从浦西到浦东，需要超过1h的时间才能通过拥堵的黄浦江大桥和过江隧道（Chandler，2003年）。

与北京、上海相比，中国的第二梯队城市也普遍重视小汽车出行，基础设施投资策略严重忽视非机动化出行的需要（图1–6），甚至颁布禁令禁止自行车在城区的大部分地区通行。北京市很多道路自行车道已变成了小汽车停车场，自行车的出行空间逐渐消失。曾经宽阔的非机动车道被重新分配给了小汽车。二环外侧的非机动车道被小汽车占用了，内环的非机动车道被公交车和出租车占用。自行车停放场逐渐被移到偏僻的角落，这些都为小汽车提供了更大的便捷空间。

图1–6　步行便道被用来停车，人们被迫在街道上行走（Gerhard Metschies，中国日喀则，2002年）

1.1 小汽车导向模式对城市的影响

在发展中国家城市，小汽车使用强度表现出一种快速且无限制的增长趋势，给城市发展和居民生活带来严重后果：空气质量和水质条件遭到破坏，居民患哮喘等呼吸道疾病的概率大大增加，甚至有可能威胁生命。服务于小汽车的城市新建道路不断侵蚀人们有限的生活空间，新建的高架立交桥隔断了邻里间的联系，妨碍了非机动化交通工具的通行（图 1–7）。

空气质量
机动车尾气排放对人类健康和自然环境都造成损害。

噪声和振动
噪声影响了生产力和人类健康。

交通事故
每年有 120 万人死于交通事故。

全球气候变化
机动车二氧化碳排放量大约占总排放量的 25%。

自然栖息地
道路破坏了栖息地和公共空间完整性。

垃圾处理
报废机动车和零部件带来了垃圾掩埋问题。

拥堵问题
拥堵造成的时间损失降低了社会整体生产效率。

能源安全
依赖汽油消耗的机动车交通是国家的安全隐患。

经济效益
小汽车支出所消耗的金融投资致使其他方面的投资减少。

社会割裂
道路阻断了邻里间的联系互动。

视觉入侵
小汽车、公路和停车场都将破坏城市景观。

生存空间丧失
道路和停车场占据了大量的城市土地资源。

图 1–7 机动车增长的严重后果①

虽然发达国家城市已为此付出了沉重代价，但目前正处于快速发展阶段的城市仍在重复或者注定要重复类似错误。而 TDM 政策的目的正是着力避免这种错误，为城市的交通发展带来全新机遇。这也正是许多发达国家正在努力达到的目标。②

值得庆幸的是，目前，很多城市正逐渐放弃“小汽车导向”模式，拆除阻断社区的高速公路，将小汽车占有的空间重新分配给公共汽车、自行车、行人，增加公交线网的密度、站点可达性，持续改进服务质量。“无车城市”运动在欧洲非常深入人心。

1.2 通过 TDM 实现交通跨越式发展

欧洲一些国家和美国的城市已开始反思和重新评价小汽车交通方式的隐性成本。将这些隐性成本清晰化意味着小汽车使用者将依据真实的成本效益原则作出理性的选择，公平地承担小汽车出行的社会成本。这种举动所体现的是社会公平性原则，即治理机动车污染的费用应该由污染制造方承担，而不是分摊给社会大众（特别是无法使用小汽车的贫困

① 资料来源：欧洲委员会（2005 年），托德 · 利特曼（Todd Litman），2005a。

②《可持续交通：发展中国家城市决策者的资料手册》3e 分册：无车化发展模式就这一内容进行了详细讨论。

群体）。例如，欧盟有关调节货车使用费的政策要求在计算费用的时候应该包括外部成本，即拥堵损失、空气污染、交通事故、医疗成本和噪声等。由于这些成本大多不能直接用货币衡量，因此来自交通与经济领域的专家们正在潜心致力设计一套科学方法，来定量评价和计算这部分非货币化成本。而追其根源，这一趋势背后最大的推动力，来自于很多发达国家城市路网维护费用持续增加和道路建设资金严重不足的危机。城市管理者开始明白，为使用者提供永久免费的道路空间的做法无法真正解决城市交通问题。

发展中国家的城市有能力和机会超越机动化的“小汽车导向”阶段，避免高昂的社会成本。这需要将人与货物的可达性作为目标，重新定位交通政策、规划与相关工程项目；需应用综合的激励性和强制性 TDM 措施，促使出行者放弃小汽车。显而易见，这是一条更加经济、环保和可持续的交通发展道路。

目前，发展中国家城市的主要出行方式仍然是步行、自行车、公共交通，小汽车的比例并不高。成本高昂的小汽车导向战略仅能为少部分人提供便利，而持续改善公共交通和非机动化出行方式则会为城市居民和整个社会带来更加丰厚的利益（图 1–8）。这种强烈反差为 TDM 措施的实行赋予了重要的社会基础和意义。与新建道路相比，TDM 更加低廉、更有利于经济持续发展和社会公平的实现。以 TDM 中的财税措施为例，机动车税费改革一方面可以限制小汽车的过度使用，有效提高交通系统效率；另一方面，这部分税费还可以作为增加公共交通供给、提高街道通达性以及改善非机动化交通安全等方面的投资，可谓一举多得。表 1–1 中列举了发展中国家城市调整交通政策制定 TDM 措施时应考虑的主要因素。

图 1–8　多模式综合规划——公交车道、自行车专用道和宽敞的步行便道，让各类人群共享安全、便捷的交通出行（Armin Wanger，中国西安，2006 年）

发展中国家城市交通政策调整需考虑的主要因素　　表 1–1

基础设施供给	基础性设施年久失修
	城市道路、停车场、步行设施和街坊路拥堵和嘈杂
	街道和步行便道承担众多功能，服务于各类出行者（休闲散步者，交谈对话者，小商贩，小憩的路人和乞丐）
	道路设计未考虑重型卡车的通行需求
车辆供给	人均机动车保有量水平较低
	中等收入家庭机动车保有量适中或偏高
	富裕家庭汽车保有量增长率很高
	部分地区的自行车保有量较高
	公共交通和出租车客运量适中或偏高
个体机动化出行特征	不同收入群体间的交通机动化出行水平差异很大，普通家庭机动化程度低，高收入家庭机动化程度高
	中等收入家庭机动化出行需求增长率很高
出行选择多样性	特征差异明显的各类出行方式共存（步行，自行车，马车，公共交通，私人小汽车）
	小汽车之外的交通方式条件较差（速度慢，舒适度不高，安全性差，可达性低），如步行、自行车出行、公共交通出行等
政府管理能力	部分城市交通规划、政策研究、设施改造等工作由技术水平较低的民间机构完成
	不同层级政府之间有时缺乏配合
	大多数决策者属于富裕群体，倾向于小汽车导向的政策措施
财政支付能力	用于交通基础性设施和服务的资金有限
出行成本	交通费支出在家庭收入的比例较高
交通安全	均车伤亡事故率很高
	弱势群体（行人、自行车、溜宠物者等）的交通风险很高
舒适性	非机动车出行（步行、自行车、马车等）的舒适性很低
	大多数公共交通的舒适性较低
	小汽车和出租车的舒适性适中或较高
环境	市区的污染高
	道路附近的城市绿地（耕地和野生动物栖息地）正在消失
土地使用	城区内可达性高（步行、自行车和乘坐公共交通工具都可以到达大部分目的地）
	大多数郊区和新建社区可达性较低
	在某些地区，用于交通基础性设施的土地资源有限
经济发展	交通产品高度依赖进口（汽车、零部件和石油）
	对进口的过度依赖阻碍经济持续发展

案例 2　TDM 能为发展中国家城市带来什么[①]

TDM 实施成本低，社会效益高，非常适合在发展中国家的城市推行。

一般来说，发展中国家城市可用于交通基础设施的资源有限，街道往往狭窄而拥堵，停车空间匮乏。道路使用者鱼目混杂，彼此冲突，存在严重的交通事故隐患。如果小汽车保有量短期内迅猛增长，极少城市能够负担起修建高速公路和停车场设施的巨额建设投资。同时，因为大部分人买不起小汽车，偏重于小汽车的投资政策显然缺乏公平性，无法满足大部分居民的出行需求。

必须警惕的是，高速公路建设短期内似乎比投资公共交通更能拉动经济增长，但从长远和全面的角度来看，这无疑是一个虚假的经济现象。道路建设投入仅是交通社会成本的一小部分——一个过度依赖小汽车的城市所付出的社会成本远高于基于公交系统发展的城市。而 TDM 为政府、企业和个人提供了降低成本的契机——一个比无止境地在道路停车设施上投资更加符合成本效益原则的战略选择。

小汽车并不是城市居民不可或缺的必需品。一个便于步行、自行车和公交出行，公平分配成本效益的交通系统，完全可以提供更加高效、公平且成本低廉的交通服务，进而促使大多数家庭放弃成本高昂的小汽车出行。对小汽车的过度依赖往往有损于发展中国家经济的持续发展。大多数的发展中国家需要进口小汽车、零部件和石油。即使具有汽车生产能力的国家，其汽车产业也主要依赖进口物资（如原材料、零部件和技术专长等）。在许多发展中国家，小汽车和原油是排名前两位的进口商品。如果能将投入到小汽车和石油的资金转为支持民族产业以及公共交通和非机动化出行系统建设，将会增加当地的就业机会和商业活力，带动经济持续增长。甚至一些石油出口国都在努力减少国内石油消耗，以换取更多的创汇机会。

---

① 资料不源：《可持续的交通——发展中国家城市决策者的资料手册》2b 分册：出行管理。作者：德国技术合作公司的托德·利特曼（Todd Litman）。http://www.sutp.org。

2 构建综合的 TDM 发展战略

2.1 概念

TDM 通过调控不必要的私人机动车出行需求，鼓励更加高效、节能、环保的公共交通和非机动化方式，实现交通系统效用的最大化。

从商品供需角度可以更加形象地理解 TDM 的作用。与需求相比，政府部门比较善于制定交通供给策略。以往，基于"扩大供给，增加交通设施容量，提高车辆运行速度"的思想，城市交通部门的主要职责之一就是通过规划、设计、建设、管理基础设施（特别是道路资源）以及管理指挥机动车辆运行，提高交通供给能力和服务水平。实际操作中，评估交通供给能力的方法也比较简便，道路里程数、停车设施容量、机动车保有量以及出行距离等指标都可以用来衡量城市交通供给能力和服务水平。

交通需求的问题则比较复杂。交通需求本身受到多种因素的影响（如出行时间、舒适度等），监管的责任主体很难确定。城市各级政府、交通部门乃至私营企业都可以成为具体 TDM 措施的执行者。同时，由于交通需求既包括人员的出行需求也包括货物的流动需求，测量难度很大。表 2−1 对交通系统供需双方的管理措施进行了简单的比较。

交通供给和需求管理措施实例 **表 2−1**

供给管理	需求管理
新扩建道路和机动车道	道路使用费或拥堵收费
增加公交服务	燃油税
增加轻轨服务	停车管理及收费
增加通勤铁路服务	车辆使用限制
缩短公交发车间隔	道路空间重新配置
规划公共汽（电）车专用道	鼓励公交和非机动化出行方式
修建自行车专用道和停车场	集约化的土地利用政策
修建步行便道和人行横道	弹性工作制和远程办公
设置过街天桥和地下通道	出行信息诱导服务

"修建城市快速路和支路将诱发额外的交通量。首先，因为新建道路改善了小汽车出行质量，导致人们宁可绕行，也要使用新建道路；其次，在于道路条件改善后，原本没有出行计划的人最终决定出行；再次，当周边道路流量被新建道路吸引后，人们购物访友时可以更加方便顺畅地使用这些周边道路，结果导致周边道路流量也随之增长。"①

① J.J.Leeming，《英国道路工程》，交通事故：预防还是惩罚？（1969 年）。

大部分商品可通过价格杠杆来实现供需平衡。某种食品的需求增加，价格也会相应提高。在超额利润驱动下，农民不断增加供给，直到供需重新达到平衡。“交通运输商品”同样遵循经典的供需理论，服务价格可以通过影响参与者的行为来调节（减少或再分配）交通需求。但交通运输的特殊性在于交通系统普遍存在定价体系失灵的现象，价格杠杆调节作用难以发挥，经常导致供需矛盾更加激化、资源使用效率降低。

虽然在大部分国家小汽车仍属于昂贵的消费品，但小汽车使用成本并未与使用强度挂钩。研究表明，小汽车成本中 2/3 属于固定成本和外部成本，购车费、税费、保险费、注册费、停车费等并不随使用次数和行驶距离的变化而变化。大量的外部成本，如拥堵、安全、污染和停车补贴并未由小汽车使用者直接支付。在许多国家还存在机动车燃油补贴、低燃油税率等“隐形福利”的情况，针对小汽车的税收甚至不能满足道路设施日常维护的资金需要。

这种模式无疑是低效且有失公平的——在过高的固定成本刺激下，小汽车使用者为追求商品价值最大化，将倾向于过度使用小汽车；随之产生的外部成本又将严重损害无车人群的利益。与小汽车使用者相比，合乘车和公交乘客占用的道路资源很少，却必须忍受同等程度的拥堵和时间损失。

TDM 措施能够帮助政府管理部门纠正这种扭曲的资源效益分配模式，建立更加高效公平的交通运输系统。同时，道路拥堵、停车位不足等矛盾会随之缓解，交通事故和环境污染等问题得到控制，步行、自行车出行环境得到持续改善。包括小汽车使用者在内的全体出行者都将从这些改善中获得诸多正面利益。

如果将免费公路和停车设施建设资金纳入成本考量体系，TDM 成本效益优势将更加突出。前者在扩大交通基础设施规模的同时，还将影响到出行者的出行时间和路线选择（刺激原本选择平峰时段或其他路线的驾驶人在高峰时段出行），甚至诱发新的需求（如小汽车出行比例增加、选择较远的目的地以及出行距离延长等）。出行时空分布的集聚趋势和总量的增加将抵消道路扩容所带来的缓堵效益，带来诸多额外成本，包括下游路段的交通拥堵损失、停车费用、交通事故、能源消耗、污染排放和土地使用扩张等。此外，从经济学角度分析，尽管道路扩容会为部分出行者带来社会福利，但这些新增出行的边际效益非常有限。因为这些出行并不属于不可或缺的刚性需求，在出行成本提高的情况下，人们将更倾向于放弃出行。

在传统经济评价方法中通常会忽略或低估新增出行造成的影响。评价结果一方面高估了拓宽城市道路带来的社会收益，另一方面低估了 TDM 措施的综合效益。因此，只有在传统经济评价的基础上更加综合全面地考量各种交通政策产生的社会影响，才能真正体现出 TDM 在社会效益方面的巨大优势。

TDM 措施同样对城市土地利用模式产生影响。土地利用和城市交通之间存在互动关系，土地利用模式在影响交通活动的同时，也受到交通政策的反作用。随着城市道路用地的增加，居住区和不同目的地区域之间的距离不断扩大，导致人们的出行更加依赖小汽车。图 2–1 说明了交通运输和土地使用之间回馈循环关系——城市规模不断扩大并趋于分散布局，呈现蔓延态势，陷入恶性循环怪圈。而 TDM 通过支持“聪慧式增长”的土地利用模式，能够支持紧凑型综合社区的发展建设，以此遏制土地蔓延，防止恶性循环的产生（图 2–2）。

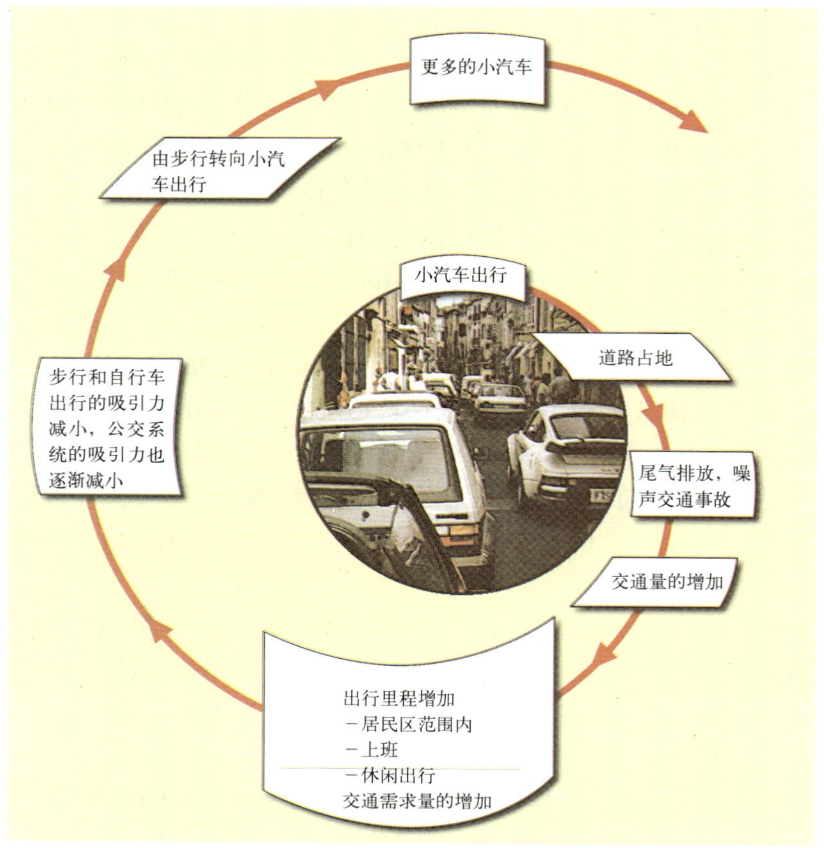

图 2–1　小汽车需求增长导致的恶性循环

城市交通面临挑战和TDM的作用

实际情况：

- 城市需要适宜的道路网络
- 新建道路引发额外的汽车流量，阻碍公共交通的发展
- 交通改善效果将被未来的交通拥堵抵消

TDM 将：

- 削减交通量
- 促进出行方式转变，建立可持续的交通系统目标
- 减少交通拥堵
- 降低对环境及公众健康造成的负面影响
- 通过价格机制给予公共交通和非机动车出行以特殊的税收支持

图 2–2　TDM 在城市规划中的重要作用

TDM 提高了城市机动性、减少了尾气排放，同时也向交通参与者传递了一种理念——交通资源（道路、停车空间、燃油、时间、公共投资等）是稀缺资源，社会公平性是其分配过程中必须考虑的关键要素。以往，城市交通管理部门历时多年也难以完成交通价格和费用的优化调整，而 TDM 措施的出现恰恰可以为这一难题提供帮助。①

① 关于减少出行需求的资料可参考 GTZ 提供的技术文件：http://www.sutp.org。

2.2 高效定价体系的基本原则

合理使用价格杠杆能够有效提高交通系统效率，避免众多交通问题。高效的定价体系须遵循以下原则：

（1）提供可替代的竞争对象。只有存在可替代的竞争商品，消费者才能在不同数量、质量、价格的商品中进行比较，选出最能满足自身需求的商品。而在只提供单一商品的市场上，消费者没有其他选择。例如，在没有高质量的公交服务的支路上，因为缺少能够替代小汽车出行的交通工具，出行者很难改变出行选择，道路收费或停车收费对小汽车交通量的影响很小。

（2）成本导向定价。商品价格应反映商品生产的边际成本，包括生产、分配和处理的直接成本和间接成本。

（3）中立的财税政策。对待各种存在替代关系的出行方式，除非需要特别维护某一政策目标，政府部门应制定公平的财税政策。例如，相对于其他方式来说，投资、税收、补贴等政策不应倾向于小汽车出行。但实际上，目前很多城市的交通政策和规划是被扭曲的，结果导致了小汽车的过度使用、不理性的出行选择和盲目的土地使用及城市扩张（图2–3）。

因为小汽车出行成本中主要是固定成本和外部成本，一旦支付了购车费用，小汽车使用者就会倾向于最大限度地使用小汽车，以收回之前的投资。这时，车辆驾驶行为产生的成本中，除了小汽车使用者需要支付的燃油和时间成本外，还存在大量的由其他人承受的

图 2–3　拥堵的道路交通降低了公交运行速度，严重影响公交吸引力（Manfred Breithaupt，越南河内，2006 年）

拥堵、事故、污染及其他建设成本。尽管车辆登记费和燃油税可以作为道路设施建设资金，但这笔支出并不是一个能够反映全部出行成本的“有效”价格。因此，像交通拥堵、停车位缺乏以及过多的交通事故和污染排放等问题就必然产生。

从社会公平性的角度考虑，节约道路资源的公共汽车与浪费道路资源的私人小汽车同时处于交通拥堵状态，显然是低效且有失公平的。选择资源节约方式的出行者没有得到应有的鼓励，因此会失去选择公交出行的动力。这正是“公地悲剧”的一种表现，即公共资源的竞争（这里指道路空间）往往造成公共资源的过度使用，以致对社会中的每个人都造成不利影响，长远来看，没有人真正受益。

案例 3　小汽车出行是否具有价格弹性

经济学家进行了大量的研究，证明价格因素能够影响交通出行行为。但是非经济学家常引用身边的例子来证明交通出行对价格并不敏感，进而提出了“交通系统的价格改革不能影响交通行为”这样引起争议的论点。例如，有新闻文章指出近来燃油价格的急剧上涨并没有影响到机动车的使用；或者有数据显示，高燃油税并没有阻碍住在郊区的人们继续使用小汽车。结论就是“小汽车使用者太爱自己的汽车而无法弃之不用”。应该说，这种观点虽然说明了部分事实，但基本上是错误的。

正像人们日常感觉的，小汽车出行对价格缺乏弹性。价格改变 1% 所引起的行驶里程的变动小于 1%。例如，燃油价格增加 10%，小汽车出行者只是减少了 1% 的短途出行和 3% 的长途出行。即使燃油价格增长 50%，对出行者来说这无疑是一个显著的增长，但只会减少 5% 的短途出行。这种变化对大部分人来说太容易被忽略了。即使人们长期决策如选择居住和就业地点时，会更多地考虑价格因素对出行成本的影响，表现出较大的价格弹性，敏感度仍然不够。

但是，燃油价格弹性并不是一个能够全面反映出行弹性的理想指标。随着汽车节能技术的应用，人们可以选择节能汽车。在过去的几十年里，去除通货膨胀的影响，燃油真实价格显著降低，同时车辆燃油效率明显提高。有数据表明，多年来车辆实际燃油成本降低了 1/3，而车辆燃油效率平均增加 2 倍。需缴纳高燃油税的城市居民将购买更多节油汽车并且减少每年的人均公里数。例如，英国燃油税是美国的 8 倍左右，前者的燃油价格是后者的 4 倍，机动车节油效率是后者的 2 倍，但每公里平均燃油成本仅是后者的 2.5 倍；在英国，机动车年出行里程比美国少 20%，所以年燃油成本是美国的 2.25 倍。比较其他两个燃油价格不等的国家会发现相同的模式，这就说明机动车的使用对价格是敏感的。

小汽车出行对燃油价格低弹性的背后是小汽车对全成本价格的高弹性。燃油只约占驾车总成本的 1/4。小汽车出行对停车费和过路费就更敏感，反映在目的地和线路的改变，还包括出行方式和距离的改变。当每公里或每次出行的成本增加时，小汽车使用者将减少小汽车使用强度并更多选择其他出行方式。表 2–2 概括了各种价格变化对小汽车使用者和小汽车使用情况产生的影响。

不同价格类型的影响[1] **表 2–2**

小汽车使用者	购车费	燃油价格	固定通行费	拥堵费	停车费	换乘费
增加或减少所拥有的车辆数量	✓				✓	✓
选择不同车辆类型（或高效燃油、替代燃料等）	✓	✓				
改变出行路线			✓	✓	✓	
改变时间，选择平峰期出行				✓	✓	
改变出行方式		✓	✓	✓	✓	✓
改变目的地		✓	✓	✓	✓	✓
减少出行次数（包括刚性的基本出行）		✓	✓	✓	✓	
改变土地使用模式，重新考虑职住地点的选择			✓		✓	✓

第二个问题是小汽车使用者只承担车辆使用成本中的一部分——部分成本由其他小汽车使用者承担，而大部分成本由社会承担。不是由使用者直接承担的成本称作外部成本（或者称为外部性或“隐性成本”）。交通的外部成本包括拥堵、交通事故、排放、污染、噪声及视觉侵害，这给当代人和子孙后代都产生了诸多消极影响。累积的交通外部成本是国民经济发展中的巨大重负，发展中国家城市更是如此。案例 4 中将介绍相关的具体案例。

案例 4　实行 TDM 的驱动力

道路空间不足使人们必须通过排队来分配道路空间，小汽车出行引发的社会总成本要远高于目前由其自身支付的成本（图 2–4）。特别是在城市道路拥堵的地方，小汽车的边际成本将大幅度增加。成本外部化和道路空间的无效分配将带来更加严重的道路拥堵。而在“谁使用谁支付”的价格体系中，交通拥堵程度要缓和得多。交通拥堵带来的负面影响有:

（1）增加出行者的出行成本和车辆运营成本。

（2）与顺达通畅的交通相比，对环境造成更多污染。

（3）严重阻碍了公共交通、步行、自行车等高效出行方式可达性。

（4）尽管现在城市外围的拥堵状况不是很严重，但随着城市和交通需求的蔓延，郊区的拥堵状况也将日益凸显。

TDM 的实行基础是全成本定价理论，即只有在出行者直接支付出行费用，而且是全成本定价体系下的费用时，才能保证交通出行带来社会净收益。

---

① 不同的价格变化将对出行行为产生不同的影响。本表摘自托德·利特曼（Todd Littman）的《城市交通运输的弹性》（2007 年），http://www.vtpi.org。

图 2–4　TDM 促进道路空间的有效使用（Nordrhein Westfalen，德国）

> “过低的定价标准增加了人们对小汽车的依赖，减少了出行方式的选择，这对非小汽车使用者来说是不公平的，而且降低了交通系统整体效率。从技术上来说，选择小汽车完成相对较短的交通出行是一种次优选择，这加剧了城市问题。定价过低刺激了小汽车出行，即使人们有更多有效的选择，如步行、自行车、低排量车辆和公共汽车。”①

欧洲及美国的交通外部成本占 GDP 的 3% ～ 5%，这个比重在发展中国家达到 10%（Breithaupt，2000 年）。加州大学对过去 10 年（1990 ～ 2000 年）一般公众和公共机构所支付的交通费用进行了研究，结果表明，小汽车使用者为使用道路而直接支付的费用达到 600 ～ 1000 美元 /（车 · 年），强加给社会的外部非货币成本则达到了 400 ～ 4000 美元 /（车 · 年）。公路交通运输的社会成本是 8800 ～ 17400 美元 /（车 · 年）（Delucci，1998 年）。

有效的定价体系将鼓励消费者针对不同类型的出行选择最高效的出行方式。例如，拥堵收费（在拥堵时段征收最高的过路费）引导人们改变出行时间和出行方式，减少高峰时段机动车出行。如果出行者愿意支付额外的费用，依然可以选择在高峰时段驾车出行，同时可获得更加快捷的出行收益。

2.3　推动小汽车出行需求转变

在讨论 TDM 具体措施之前应了解交通运输行业发展趋势背后的驱动力（图 2–5）。只有在正确认识现行政策存在的问题后，才有可能制订出适宜的解决方案。观察分析影响交通需求及行为的各种因素有利于更好地评估 TDM 措施的效果。这些因素包括：

（1）家庭收入水平与车辆保有情况；

（2）道路与停车设施的供给与质量；

（3）价格（燃油费、养路费、停车费、公交票价）；

① 英国交通规划师 H.Dimitriou 的《城市交通规划：持续发展中的规划方法》。

驱动力	交通变化趋势	TDM 战略	交通变化趋势	政策挑战
当地				
经济增长	车辆保有量↑ 车辆使用强度↑	削减人与物的交通需求	交通事故↑ 当地空气质量↓	健康状况恶化
土地可用性	大型汽车↑ 城市扩张↑	转向环境友好模式 促进集约增长模式	交通拥堵↑ 噪声↑	可达性降低 社会公平性
个人收入增加	住宅需求（m^2/住户）↑ 期望的舒适度↑ 闲暇时间↑	向小汽车使用者征收全部费用	贫困人口的负担↑ 资本基金↓ 运营基金↓ 非机动化出行的边缘化↑	公共交通的运营服务水平
国际				
全球化	燃油消耗↑	促进可持续发展	燃油价格↑	能源需求增加
城市化	交通供给↑	促进二氧化碳减排技术升级	二氧化碳排放量↑	气候变化
外资和旅游吸引力		提高系统效率		

图 2–5　交通变化趋势的驱动力[①]

（4）私人小汽车与公共交通工具的运行速度、可达性、舒适性之间的差距；

（5）步行与自行车出行环境；

（6）土地利用模式（目的地的分布）；

（7）出行者的习惯。

随着城市家庭日趋富裕，越来越多的人有能力购买机动车（摩托车和小汽车）。如果不保持出行方式选择的多样化，对交通需求进行必要管理，将会导致严重的交通问题，结果只能是每个人的利益都受到损害。

由于城市道路和停车场不断占用有限的土地资源，居住、步行及自行车的空间急剧减少。道路交通量持续增多导致了交通事故的增加和环境质量的恶化。如果不能打造一个舒适高效的公共交通系统，整个社会将陷入恶性循环。人们将逐步放弃颠簸危险的公交车而选择更加舒适的小汽车出行。人们从城市迁往郊区导致了城市的蔓延，这个转变过程非常短暂，数年之内就会使一个多方式的综合社区转变为完全依赖小汽车的孤岛。被快速路隔离的社区与外界割裂，以非机动化方式为主的社区出行质量受到严重破坏（图 2–6）。

"交通需求的增速超过了人口与就业的增速，这种情形下，一味地扩建道路并不是长久之计，因为这将诱发更多的交通量。TDM 理念认为，交通需求并不是一成不变的，而是可以被交通政策、收费政策、投资政策和出行者自身选择等因素引导和影响的。"[②]

① 资料来源：很多趋势增加了机动车保有量和使用，从而对经济、社会、环境施加很大成本。TDM 有助于增加交通系统有效性，降低成本，为社会和个人提高效益。

② Michael Replogle，交通工程与可持续发展，环境保护专家。

图 2-6　北京高架立交桥对非机动车交通形成阻碍（Carlosfelipe Pardo，中国北京，2007 年）

这些趋势带来了巨大的经济、社会、环境成本，包括交通拥堵成本、道路和停车设施成本、出行成本、事故成本、能源消耗成本、污染排放和土地蔓延成本，以及非小汽车使用者机动性选择的丧失和公众健康水平降低的成本。

从另一种角度看，优化出行结构和减少小汽车使用及提高道路运行效率的 TDM 政策将为城市居民带来众多商业、经济、环境方面收益。同时，TDM 也是一系列社会问题的解决方法，包括日益增加的交通流量和停车需求、基础设施投资的增加、人口老龄化、燃油价格提升、环境和公众健康问题、公平问题以及社会出行理念冲突问题等。尽管不同地区面临不同的问题，有不同的发展目标，但是随着 TDM 措施对社会和个人的正面效益日益显现，其应用范围也会越来越广。

城市交通运输系统主要发展趋势如下（Replogle，2008 年）：

（1）机动化进程加快：生活水平日益提高一方面将导致小汽车保有量的增加，另一方面导致人们对高档住宅的需求增加，这也意味着出行强度和出行距离的增加。与公交便捷性日益降低相反，小汽车的吸引力将越来越明显。

（2）交通拥堵日益恶化：交通拥堵可能导致企业向城市边缘地区搬迁，城市产业布局发生变化。企业和公共机构可达性的降低将影响人们的生活质量，进而影响城市的经济活动。

（3）经济竞争力下滑：随着产业结构中第三产业比重增加，日常出行需求更加分散且多样。高峰期延长和空间分布的扩散将使公交企业维持正常运营的难度进一步加大。

（4）公共健康与安全受到关注：车辆的高速行驶容易导致频繁的交通事故，造成伤亡人数的增加。高浓度的尾气排放特别是柴油燃烧中产生的颗粒物会导致哮喘和肺疾病的增加，而长期乘车也会导致肥胖人群的比例增加。

（5）社会差距拉大：高收入的小汽车群体与社会大众的差距随机动化进程而逐渐拉大。随着低收入群体失去了获得工作地点、商品和服务的权利，社会公平性问题中的出行公平性矛盾将日益突出。

（6）气候变化：机动化和城市蔓延导致能源过度消耗、尾气排放激增，最终导致全球变暖。

当前，发展中国家城市正处于机动化发展时期，但仍可以避免机动车的过度使用和其他出行方式的衰退。许多发达国家已开始通过 TDM 政策来鼓励出行者优先选择节能高效的出行工具。在荷兰、瑞典、德国、瑞士、英国等人均收入水平很高的国家的城市，政府部门正在努力改善步行和自行车环境，提高公共交通服务水平，加强路边停车收费的管理，鼓励人们改变出行方式。同时，采取聪慧式增长的土地政策，打造集约化的步行社区。在 TDM 政策落实到位的情况下，出行结构优化调整都取得了比较理想的效果。

可以说，TDM 政策能有效地改善交通拥堵、停车位不足、能源消耗、环境破坏以及公共健康问题，同时有利于创造一个公平的交通体系，为弱势群体提供更好的服务。

“交通供给是指修建道路与停车设施。尽管建立城市基础路网将带来巨大的经济和社会效益，但是一旦这个系统出现了拥堵问题，TDM 措施通常可以以较低的成本解决问题，获得更大收益，进而引导人们更加有效地使用现有道路资源。”（图 2–7）

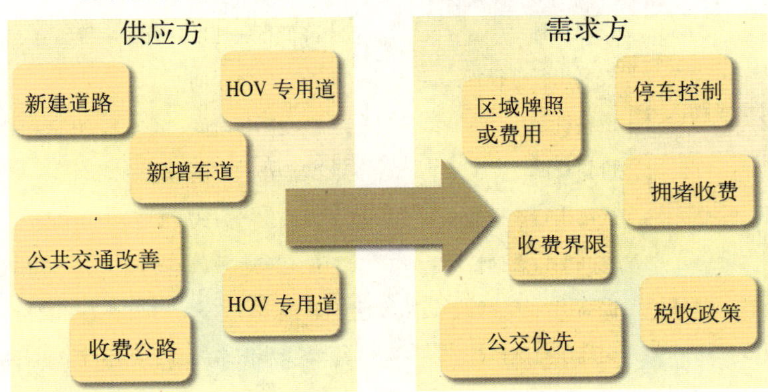

图 2–7　从供给策略到 TDM 的转变

2.4　TDM 对出行行为的影响

TDM 措施的形式非常多样，产生的影响也各有不同。并不是所有的 TDM 措施都直接针对交通出行，这些间接措施是促使出行行为改变的基础前提，同样可以带来经济、社会、环境方面的综合效益。关系如图 2–8 所示。

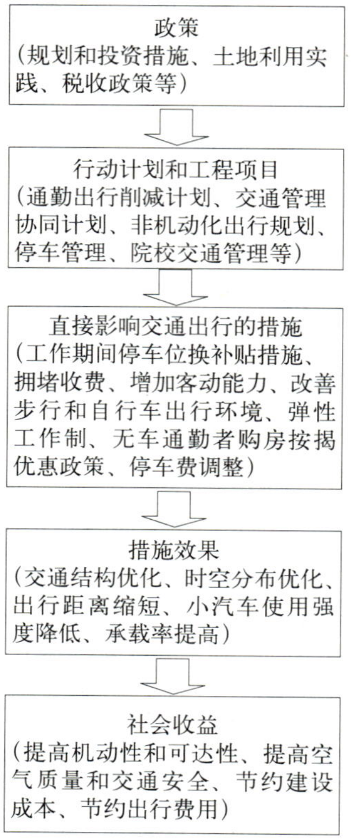

政策
（规划和投资措施、土地利用实践、税收政策等）

↓

行动计划和工程项目
（通勤出行削减计划、交通管理协同计划、非机动化出行规划、停车管理、院校交通管理等）

↓

直接影响交通出行的措施
（工作期间停车位换补贴措施、拥堵收费、增加客动能力、改善步行和自行车出行环境、弹性工作制、无车通勤者购房按揭优惠政策、停车费调整）

↓

措施效果
（交通结构优化、时空分布优化、出行距离缩短、小汽车使用强度降低、承载率提高）

↓

社会收益
（提高机动性和可达性、提高空气质量和交通安全、节约建设成本、节约出行费用）

图 2–8 TDM 影响扩大过程

TDM 措施的影响范围涉及日常出行的方方面面。出行者将在 TDM 措施的影响下改变出行路线、出行方式和出行时间，也会减少出行次数、缩短出行距离。当越来越多的人受到 TDM 的影响改变了出行选择时，TDM 措施对交通系统和社会的影响就显而易见了。例如，减少交通拥堵，改变土地利用模式，增加公共交通服务可达性等。表 2–3 概括了不同 TDM 措施的实施效果。

不同类型的 TDM 措施的影响分类如下。

目前，交通模型是分析预测 TDM 措施影响的主要工具。传统的四阶段模型可以预测道路收费和增加客运服务供给等措施的实施效果。诸如 TRIMMS 等专业模型，能够在预测通勤出行需求削减计划的影响时，综合考虑地理位置和项目特征等影响因素（http://www.nctr.usf.edu/abstracts/abs77704.htm）。新近开发的交通模型还可以将土地利用密度和混合利用程度等因素纳入评价体系。但需要注意的是，交通模型很容易低估 TDM 措施的综合效益，诸如改善步行环境和公众推广活动的效果就很难在模型中体现。

TDM 措施实施效果 **表 2–3**

TDM 措施	机制	交通变化
交通安宁	道路设计	降低行驶速度，改善步行环境
弹性工作制	提高出行选择性	改变出行时间
养路费 / 拥堵收费	价格机制	改变出行时间，减少特定路段的机动车出行
里程计费	价格机制	减少小汽车出行总量
改善公交服务水平	提高出行选择性	转换出行方式，鼓励公交出行
拼车、共乘	提高出行选择性	提高车辆乘载率，减少小汽车出行
改善步行和自行车出行环境	提高出行选择性、道路设计	转换出行方式，增加步行和自行车出行人数
小汽车租赁	提高出行选择性	减少小汽车保有量和小汽车出行次数
集约化土地利用（聪慧式增长）	提高出行选择性	转换出行方式，减少车辆保有量，缩短出行距离

出行行为的各种变化有助于实现不同的规划目标。例如，针对于出行时间的 TDM 措施可以将高峰时间的出行需求调整至非高峰时间，针对于出行方式的措施可以让小汽车使用者选择其他出行方式。两种 TDM 措施的目标不同，成本效益也不相同。表 2–4 总结了出行行为变化对应的不同政策目标。

出行行为的不同影响可服务于不同的战略规划目标。

出行行为变化对应的不同政策目标 **表 2–4**

计划目标	车辆减速	改变出行时间	缩短出行距离	转变出行方式	减少机动车出行	降低机动车保有量
缓解拥堵		✓	✓	✓	✓	✓
削减道路流量			✓	✓	✓	✓
削减停车需求				✓	✓	✓
节约出行成本			✓	✓	✓	✓
增加机动化出行选择				✓	✓	✓
提高道路安全水平	✓		✓	✓	✓	✓
减少能源消耗			✓	✓	✓	✓
减少排放				✓	✓	✓
高效的土地利用			✓	✓	✓	✓
改善公共健康状况	✓		✓	✓	✓	✓

发展中国家的长期发展战略中应包括 TDM 内容。TDM 措施有助于降低机动车保有量的增长速度，在避免机动化过度发展的前提下，保证经济的繁荣发展，打造真正可持续发展的交通系统（图 2–9）。在新加坡和香港这样的富裕城市，尽管个人财富日益增长，但机动车保有量仍保持稳定。这主要归功于一个完善的政策体系和针对非小汽车出行方式的持续投资，如增加公共交通的发车频率。出行需求在很大程度上取决于政府投资决策和配套政策所提供的可选出行方式。

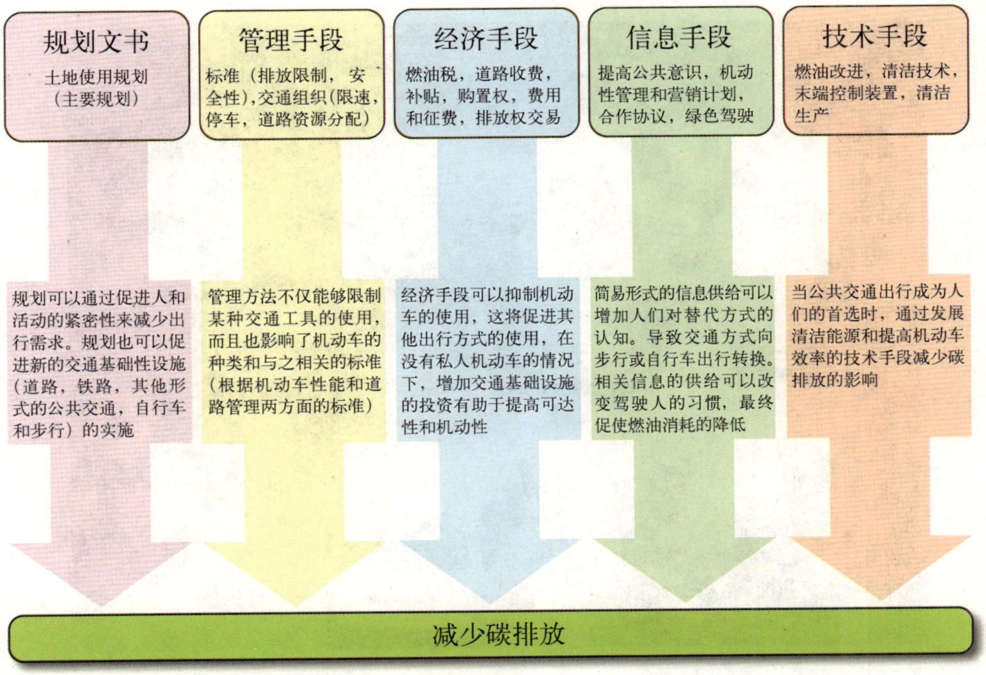

规划文书
土地使用规划（主要规划）
规划可以通过促进人和活动的紧密性来减少出行需求。规划也可以促进新的交通基础性设施（道路，铁路，其他形式的公共交通，自行车和步行）的实施

管理手段
标准（排放限制，安全性），交通组织（限速，停车，道路资源分配）
管理方法不仅能够限制某种交通工具的使用，而且也影响了机动车的种类和与之相关的标准（根据机动车性能和道路管理两方面的标准）

经济手段
燃油税，道路收费，补贴，购置权，费用和征费，排放权交易
经济手段可以抑制机动车的使用，这将促进其他出行方式的使用，在没有私人机动车的情况下，增加交通基础设施的投资有助于提高可达性和机动性

信息手段
提高公共意识，机动性管理和营销计划，合作协议，绿色驾驶
简易形式的信息供给可以增加人们对替代方式的认知。导致交通方式向步行或自行车出行转换。相关信息的供给可以改变驾驶人的习惯，最终促使燃油消耗的降低

技术手段
燃油改进，清洁技术，末端控制装置，清洁生产
当公共交通出行成为人们的首选时，通过发展清洁能源和提高机动车效率的技术手段减少碳排放的影响

减少碳排放

图 2–9　TDM 是可持续交通系统的一部分

TDM 的政策目标包括（Replogle，2008 年）：

（1）通过完善出行方式选择来支持长远政策目标。很多 TDM 措施可以用来实现多重政策目标，如提高环境质量和公共健康水平。

（2）促进更加理性地出行选择。使交通资源使用者对出行成本更加敏感，建立更加有效的交通资源利用模式。避免不必要出行，加强地区的经济竞争力。

（3）减少不必要的小汽车出行。提供安全舒适的出行选择，加强居住地和就业地的联系，促使小汽车使用者选择其他替代方式。

（4）减少出行距离。推广紧凑发展模式，保护农业用地和环境质量，提高交通运输效率，提高可达性。

2.5　TDM 措施的主要类型

TDM 通过提供各种激励人们改变出行时间、路线、方式、目的、频率和成本的措施，实现提高交通系统效率的目的。选择高效还是低效的出行方式将会带来出行成本上的巨大差异。在这种激励下，更多的人将改变已有的低效出行方式，不但能够节约自身的出行费用，还带来了巨大的社会效益。

TDM 关注的是出行目的地和交通服务设施的可达性，而不是车辆驾驶行为。这就大大扩展了解决现有交通问题的思路，使其不再受具体问题和细节的局限。例如，某条道路或停车场在某一时段内比较拥堵（图 2–10），TDM 措施就可以鼓励人们避免高峰期出行、选择其他出行方式（步行、自行车、合乘、公共交通）、改变目的地或选择其他停车位，而不是单纯扩大道路和停车场面积。

图 2–10　一天的大部分时间内，汽车、电动自行车、公交车均处于拥堵状态
（Thirayoot Limanond，泰国曼谷，2006 年）

除交通机构之外，TDM 的影响对象还涉及多种利益相关主体，包括地区政府（交通规划和运输服务部门）、地方政府（行人及自行车设施管理部门和公共停车管理部门）、企业（内部及对外停车场管理部门）和社会团体（环境及卫生管理部门）等。

TDM 措施的成功实施需要依靠政策和规划方面的改革，且涉及不同的管理层面。政策一般是指由政府部门发布的、用来作为政府决策或资源分配依据的战略方针；行政监管条例一般会设立若干标准和流程，也可被作为一种"指挥控制"方法。政策和条例可适用于不同层面的大部分政府部门。

执法力度和提高公众意识是成功实施 TDM 措施的关键因素，信息服务也是非常必要的辅助手段。此外，TDM 还应密切关注公众的反馈，掌握公众对 TDM 的接受程度。对于公司和个人这些私人利益群体，同样可以作为 TDM 措施的主体，成为政府政策法规的补充，具体包括小汽车租赁、帮助大型企业提升公众服务意识、在企业内部推行公共交通激励制度等。

表 2–5 中根据利益相关群体和实施主体对 TDM 措施进行了分类，最基本的类别为：

（1）增加出行方式选择；

（2）经济措施；

（3）聪慧式增长和土地使用政策。

TDM 措施分类 **表 2–5**

措施	实施主体	主要利益相关者
增加出行方式选择（步行和自行车设施，合乘服务和公交服务）	国家、州、市政府，运输服务和自行车租赁服务提供商	儿童、老人、残障人士，低收入群体
经济措施（给予合理选择出行方式的出行者以经济鼓励）	国家、州、市政府，私人企业主、收费道路和停车设施运营商	大企业主、低收入人群、货车
聪慧式增长和土地利用政策（制定相关政策，提高可达性，鼓励更加多样化的通勤模式）	国家、州、市政府，开发商、购房人群（家用和商用）	房地产开发商、大企业主、购房者

表 2–6 列举了三类 TDM 基本措施的具体实例，部分类别还可以继续细化。例如，交通运输服务改善措施还可以分为如提高便捷度、舒适性、安全性和可支付能力等多种措施。

TDM 措施具体案例[①] **表 2–6**

增加出行方式选择	经济措施	聪慧式增长和土地利用政策	其他项目
改善公共交通服务水平 改善步行和自行车出行环境 车辆管理措施的宣传推广活动 拼车 / 通勤出行削减计划 HOV 车道 弹性工作制 / 远程办公 小汽车租赁服务 改善出租车服务水平 紧急用车保障（仅限非小汽车通勤者） 自行车租赁计划	拥堵收费 基于里程计费 通勤者福利奖金 停车收费 停车监管 提高燃油税 公共交通鼓励计划	聪慧式增长 公交先导式开发模式 职住地高效开发 停车管理 无车日活动 交通安宁计划 交通规划改革	校园 TDM 货运管理 旅游观光交通管理

① 本表列举的各种 TDM 措施节选于 VTPI 网站，http://www.vtpi.org（2006 年）。

2.5.1 增加出行方式的选择

多种TDM专项措施可用来提高步行、自行车、拼车、公共交通、小汽车租赁等出行方式的可达性、便利性、快捷性、舒适性及安全性，帮助这些交通方式更好地替代小汽车出行（图2-11）。改善或修建新的交通基础设施，修改、制定鼓励发展替代方式的法规政策，不断推出新的服务类型和推广活动。

大部分TDM措施还需要重新规划已有的道路和交叉口等硬件设施。一些措施可以扩大交通系统容量，改善了交通服务舒适度，如增加交通供给能力，改善公交停靠站和车站设施等。另外一些措施着眼于推出新的服务类型和活动，如提供合乘配对服务，员工远程办公推广行动等，实施主体涉及交通运输管理和规划部门、私人运营商、社区组织和企业等。

图2-11 上海高峰期公交专用道有利于保证公交准点运行，改善公交服务水平（Armin Wagner，中国上海，2006年）

案例5 提高可达性

在评价交通系统运行状况时，需明确区分交通系统的机动性和可达性。

机动性：优先考虑车辆运行，用物理（技术）方法提高交通基础设施服务水平。

可达性：优先考虑人与货的有效流动，通过改变出行行为，鼓励出行者转换出行方式。

当机动性优先时，规划设计、政策制定和工程实施的重点将局限于道路设施建设上，交通工作将以增加设施容量和速度为目标。也就是说，交通投资的重心是保证更多的车辆行驶得更快，正是这种思路使城市成为小汽车主导的城市。由于过分关注车辆，而不是出行的“人”，很多能够有效地运送更多的人到达目的地的方法被忽略了。

机动性优先的规划思路使机动车与非机动车之间产生冲突，而可达性优先的规划使交通更加和谐。以可达性为标准的评估方法将人和货放在第一位，关注重点是交通系统是否能够实现人们的出行目的，且效果如何。当政策、规划和工程都关注怎样提高可达性时，相应的投资方向就将不再局限于道路设施投资。可达性方面的规划将首先解决城市各个部分到达市中心或主要就业地的距离。以“时间等时图”为起点，显示出不同地区的出行耗时以及步行和自行车出行遇到的主要障碍（如过宽或交通流量大的道路）。最后是制定解决方案，如新增过境和短途的班车服务。[①]

① 更加详细的讨论可浏览网页：http://www.vtpi.org/access.pdf。

2.5.2 经济措施

经济措施和政策法规将激励出行者习惯于理性地选择最有效的交通方式，包括价格方法（如过路费、停车费、燃油税、公共交通票价和税收等）和供给方法（如通过控制停车位配建指标来调节停车价格，通过污染物排放额度拍卖计划来增加排放行为的成本）。

全成本定价法是指使用者直接承担生产和消费某种商品和服务的全部费用，即小汽车使用者需要支付其占用道路和停车资源而产生的全部费用。这部分费用还需在高峰时提高，非高峰时降低。燃油费将包括生产分配燃油的所有直接和间接成本，车辆保险应反映每车公里的交通事故边际成本。小汽车使用者还需支付排污费。

除非为保证公平性而制定特殊补贴或者存在特定的战略规划目标，全成本定价将是最公平有效的价格政策。它将促使出行者有效地使用交通资源，防止出现利益扭曲的情况，如小汽车使用者仅仅支付 5 美元就可以使用某些交通基础设施，而为了满足这次出行，全社会需要付出相当于 10 美元的代价。

此外，有效的定价体系还会在人们减少小汽车出行时节省出行费用，带来经济激励。当前很多地区的小汽车使用者是以缴纳税费的方式来支付道路和停车设施使用费，费用并不与使用行为直接挂钩。因此，即使人们很少或不使用汽车，仍需支付同等金额的使用费用。这类做法无法真实反映出行行为的全部成本，是不公平而且低效的定价方式。在全成本定价体系中，出行者只需要根据自己的使用情况来支付道路使用和停车费，还能在减少汽车出行后，明显感受到开支的节省（图 2–12）。

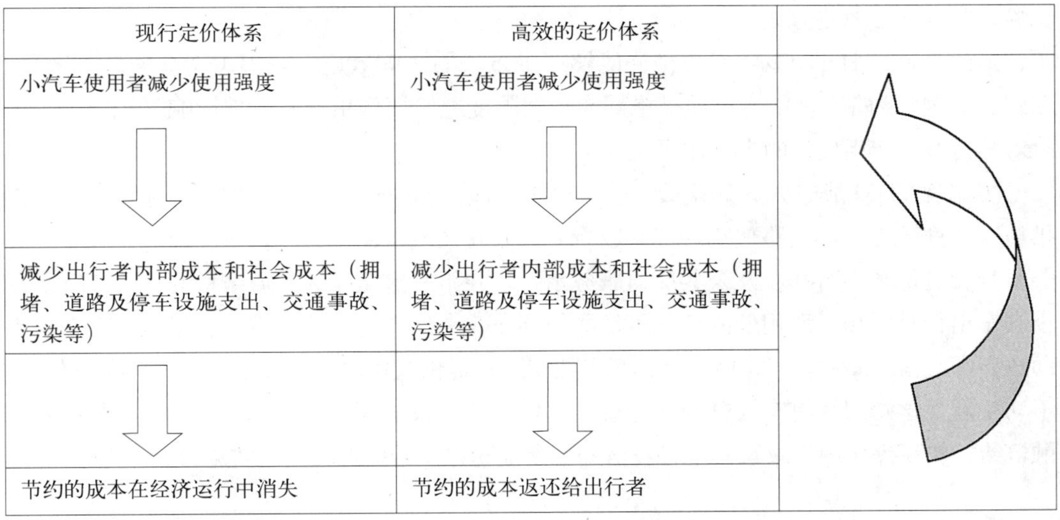

现行定价体系	高效的定价体系	
小汽车使用者减少使用强度	小汽车使用者减少使用强度	
⇩	⇩	
减少出行者内部成本和社会成本（拥堵、道路及停车设施支出、交通事故、污染等）	减少出行者内部成本和社会成本（拥堵、道路及停车设施支出、交通事故、污染等）	
⇩	⇩	
节约的成本在经济运行中消失	节约的成本返还给出行者	

图 2–12　高效定价体系将为出行者提供更多节省支出的机会

注：从现行定价体系中可看出，减少机动车出行节省的费用在经济过程中流失掉，而高效的定价体系能够把节省下的费用返还给减少出行的个体。

经济措施在解决交通问题、提高交通效率方面很有效，另外还提供了额外收益可以用来支持新项目或减少其他税收。然而，因为遭到小汽车使用者的反对，增加税费等经济措施的实施难度很大，需要进行谨慎周密的多方协商来获得政治支持，同时还需确保所得收入能够得到妥善利用，将获得更加广泛的公众利益。

实施全成本定价体系（将外部成本内部化）需要长期的战略规划。短期内的价格骤增的确令人难以接受，市场机制、交通习惯、公众反映、技术手段以及供需关系的调整都需要时间。逐步推进的交通成本内部化工作以及非机动车出行和公共交通的持续改善将为全成本定价体系最终得到公众认可和政府支持提供必要条件。

2.5.3 聪慧式增长和土地利用管理政策

土地利用是影响出行行为的重要因素。集约的土地开发模式、均衡的职住关系、良好的步行环境及公共交通导向的社区规划，将有效抑制人们对小汽车的依赖，且更容易接受小汽车以外的出行方式。这种“聪慧式增长”模式也被称作“交通和土地利用综合规划”。作为 TDM 措施，它有助于打造一种可达性高、出行选择多样的社区环境，实施效果非常显著。例如，通过集中开发商业区、增加公交走廊沿线及站点周边住宅容积率，改善步行和自行车出行环境，将从根本上提高地区可达性，减少小汽车使用强度，促使更多的人选择小汽车之外的出行方式。

但由于受市场利益驱动的影响，这类土地管理政策的短期效果并不理想。在实际操作中，其更适合作为机动性与需求增长管理综合解决方案的一部分，发挥长效作用。

2.6 制定综合的 TDM 战略方案

对于日常出行而言，单一的 TDM 措施的效果非常有限，通常仅能对某个地区少许的机动车出行产生影响；要获得更为巨大且根本性的转变效果，还需要因地制宜地选择 TDM 措施，制订综合战略方案。

通过精心设计的 TDM 专项措施能够产生显著的协同效应，获得 1+1>2 的政策效果。在综合 TDM 战略方案中，每项措施都能最大限度地发挥作用，有效地影响目标行为，同时对其他方式产生良好的支撑作用。

要实现 TDM 战略方案效益最大化，激励措施（即拉动力，如增加出行选择）和约束措施（即推动力，如道路使用和停车收费）都不可或缺（图 2–13）。单纯地加大投资、改善步行和自行车出行环境及公共交通服务水平，并不一定能保证交通结构的显著改变。在小汽车出行时间短、费用低的情况下，即使存在非常优秀的替代方式，也很难使有车族主动放弃小汽车。同样，一味地限制小汽车使用而不提供其他出行选择的做法同样有失公平、不切实际，这妨碍了有车人群的出行权，非但不利于减少小汽车使用，还非常容易引发抵触情绪。实际操作中，政策制定者应格外注重推动和拉动措施的配套实施（表 2–7）。

图 2–13 TDM 措施的“推动”和“拉动”影响

可配套实施的 TDM“推动与拉动”措施　　表 2–7

	推动措施	拉动措施
政策 / 法规 / 经济措施	限制小汽车可达性 道路收费 拥堵收费 消费税 / 进口关税 注册费 / 路桥税 机动车配额体系 停车收费 停车管理 车牌照限制 低排放车辆行驶区域 20 公里 / 小时限速区域	改善公交服务水平 集成的公交系统及票制、票价体系 公交优先路网 对通勤者进行经济激励 员工停车位换现金补贴政策 公交联票（月票、季票等）减税政策 步行和自行车减税政策
硬件设备 / 技术方法	小汽车机动性调控 减少停车位供给 交通流单元 车辆减速车道道路空间再分配 重新连通被割裂的社区 车辆限行区域 步行区	提高公交服务质量 快速公交系统 公交专用线 公交优先 轻轨和通勤轨道服务建设 高质量的公交基础设施 高性能公交车 舒适的公交候车站 方便获取路线、班次、站点信息 改善自行车出行环境 自行车专用道和停车场 自行车线路标志与地图改善步行环境 提高人行横道和步行便道安全 步行区 增加机动化出行选择 小汽车租赁服务 自行车租赁服务 改善出租车 / 三轮车 / 人力车服务
规划 / 设计措施	综合土地利用规划 区域空间规划 公交导向发展模式 汽车停车规划标准 配套公交政策	非机动化交通规划 适宜自行车出行和步行的街道设计 提高街道连通性 地图及指路标志
保障措施	执法 罚款、票价、拖车费用	公共意识 公交宣传 /TDM 措施宣讲 无车日等系列活动

兼备“推动”与“拉动”效果的 TDM 综合措施：重新分配道路空间，设置自行车专用道，拓宽步行便道，修建绿化带和公交专用道。科学地进行交通信号配时，为公共交通和非机动车出行方式提供保障。转变社会出行理念，提高公众参与意识，加大宣传和执法力度。[①]

瑞典的成功实践很具有说服力。起初，斯德哥尔摩市改善公交服务水平的努力并没有提高公交客运量，而在此基础上实行拥堵收费后，公共交通出行增加了 5% 左右。规划人

① 资料来源：Mülleretal，1992 年。

员认为，“拥堵收费区的过境车流量减少了22%，其中扩大公交服务范围的直接贡献至多只有0.1%（斯德哥尔摩，2006年）。本书4.2.2小节将进一步介绍斯德哥尔摩实施的拥堵收费措施。

其他城市的经验也都印证了相似的观点：交通系统效率的提升需要综合的TDM战略方案，在提供多样的出行方式选择基础上，帮助出行者作出最理性的抉择，进而优化城市的交通结构，取得巨大的社会效益。

必须重申，交通需求与交通供给一样，同样应采取多样化与差别化的政策措施。只有实施综合的TDM战略方案，才有可能达到预期效果，而“推动力与拉动力”组合拳的配套实施是重中之重。

城市综合TDM战略需要三类TDM措施相互配合：

（1）增加出行方式选择；

（2）经济措施；

（3）聪慧式增长和土地利用政策。

以上三者关系类似于“三腿凳”。三条腿之间是互相增强、互相制约的关系。只有三条腿保持均衡的情况下，凳子才能正常使用（图2–14）。伦敦的拥堵收费在发挥“推动”作用的同时也成为了鼓励公交出行的主要力量。此前，伦敦公交运营方增加了近一倍的新车，调整了时刻表，缩短了发车间隔，加强与轨道交通的联系；引进新技术提高车辆速度，改善舒适度（如智能卡、交通信号优先以及提示车辆到站信息的电子站牌等）；重新施划道路标线，采用彩色喷涂技术施画公交专用道和自行车专用道。此外，部分街道限制汽车行驶，增加人行横道和指路标牌，为步行者和自行车出行者提供安全舒适的出行环境。这种综合的推动措施兼顾行政管理、基础设施、科学技术、规划设计多个领域，结合拥堵收费的经济刺激，显著减少了小汽车流量，增加了公交出行量，改善了环境质量并为市区零售业注入新的活力。

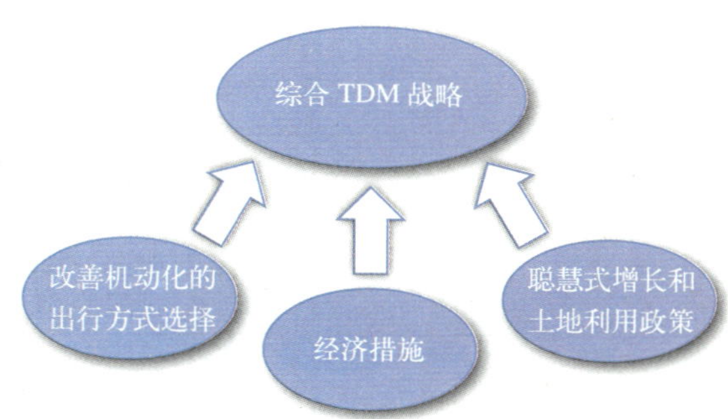

图2–14 TDM措施的成功实施需“三管齐下”

另一个成功的例子是在新加坡。1975年新加坡开始实行区域许可证计划（市域范围内拥堵收费）。此前为了实现交通结构优化的预期目标，新加坡全面更新公交系统。在市区周边建立了15个机动车和自行车停车场，为不选择小汽车出行方式的出行者提供了便利。修建的环城高速公路使过境车流不必占用市区的道路空间。

此外，“三管齐下”的综合 TDM 战略方案非常需要相关实施部门的鼎力支持。这就意味着利益相关者需要充分了解政策全过程，在政策激励下积极参与政策行动。来自执法部分和私营企业的支持也同样重要。

案例 6　用 TDM 理念解决交通问题①

通常来说，存在两种分析解决交通问题的角度。

一个角度是针对特定问题提出技术解决方案，比如针对道路拥挤与停车位紧缺问题，选择修建更多的交通基础设施，为降低交通事故风险而增加道路与车辆的防护设施，为解决能源紧缺问题而推广替代能源和更高的车辆节能标准。总之，这类措施针对的是道路和车辆，而不是出行行为。

这类措施的本质缺陷在于仅针对具体问题和局部现象来制订解决方案。在缓解这个问题时将带来其他问题的恶化。特别是在可能刺激道路交通总量时，后果更加严重。增加道路容量容易诱发额外的车辆出行，进一步增加事故风险、能源消耗和污染；增强撞车保护设施需增加车辆重量，可能导致额外的能源消耗；而提高节能标准在减少单位车公里的使用成本的同时，也容易产生更多的交通拥堵和事故风险。因此，这种治标不治本的方法不能从根本上解决交通问题。

另一个角度是从供需关系出发分析交通问题。成本价格扭曲导致小汽车过度使用是大多数交通问题的共同根源。制订解决方案时，需要从改革规划设计入手增加交通选择；开展市场层面的价格改革，使出行者了解真实的成本信息，作出理性选择。其本质为增加出行方式选择的多样性和有效性，与 TDM 措施的目的一致。

尽管大部分 TDM 单项措施的影响范围较小，且表面上看来缺少针对性，但这些单项措施的效果是可以累积的，能够产生巨大的协同效应。在综合考虑政策的成本收益时，TDM 措施往往是最佳选择。传统的整体效益评估方法在高估了“治标”措施的同时过低地评价 TDM 措施的综合效益，其原因在于传统方法忽视了间接成本（如诱导汽车出行增加）和间接效益（如增加非小汽车使用者的机动性或支持土地利用战略目标）。当前，需要对 TDM 措施进行更全面的评价和规划，使其得到更广泛的承认与支持。

① 资料来源：托德·利特曼（Todd Litman）的《在线 TDM 百科全书》，http://wwww.vtpi.org/tdm/tdm51.htm。

3 “拉动策略”——增加机动化出行选择

TDM政策主要包括“推”和“拉”两个基本思路——“拉动策略”侧重于增加可选择的交通出行方式种类，提高公共交通和非机动化出行的吸引力等；“推动策略”则侧重于提高私人小汽车的使用门槛，如增加道路使用费和停车费等。本章将重点介绍“拉动策略”的内容。

“拉动策略”能够增加人们出行方式，引导小汽车使用者选择其他交通工具，具体包括多项提高其他出行方式舒适性、可靠性以及改善基础设施和服务水平的投资政策。可以替代小汽车出行的其他出行方式包括：

（1）步行；

（2）自行车；

（3）汽车合乘（拼车或班车）；

（4）公共交通［地面公交、轨道交通、“招手停”小公共（Shared Taxi）、轮渡等］；

（5）出租车（Private Taxi）；

（6）小汽车租赁（Car-Sharing）。

保证机动化出行选择多样性的方法有很多，如扩展其他交通方式的营运时间和服务范围、提升可达性和舒适度、减少信息不对称性以及制定与大众支付能力相协调的票价等。改善换乘条件也是一种非常有效的方法（图3–1）。例如，在公交车站设置自行车存放点，在通往公交车站的步行通道两侧开设店铺，为步行者提供附加服务等。其他辅助性措施还有增加乘客安全性（图3–2）、提高社会地位、改善可达性等。

图3–1 高质量的电车和公交车换乘服务（Alex Kuhn，德国卡塞尔，2005年）

图3–2 提高自行车及步行者出行安全水平的隔离带（Powell，中国台北，2005年）

3.1 改善步行、自行车出行条件

政府部门修建道路设施的主要目的通常是为应对迅速增长的小汽车需求压力，往往忽略了步行者和自行车出行者的利益。城市道路、立交以及大片的停车场严重阻碍了非机动化出行，不但破坏了城市景观，还直接导致社区与社区之间的割裂，对社区居民的出行方式和日常生活带来了巨大影响（图 3–3、图 3–4）。为了解决这一问题，政府部门不得不着手改造道路设施，设置独立的步行及自行车道以及修建过街天桥和地下通道。

高速行驶的机动车、禁止步行和自行车出行方式的专用道、隔离护栏、单向交通系统、管道、铁轨等交通设施都会降低交通的可达性，影响交通系统运行效率，带来不安全因素。这种阻碍可以用非直线系数来评价，即自行车出行或人力车出行到达目的地的路径距离与位移之比。

随着快速路和高架桥等大型基础设施使用年限的临近，维修养护频率和费用日趋增加，一旦超过道路的运营收益，财政将入不敷出。美国多个城市的交通基础设施已临近生命周期末端，因为维护重建费用惊人，政府不得不拆除大型设施，转而建设规模较小但更有利于社区沟通的小型设施。旧金山内河码头高架桥就是一个例子，该高架桥在地震中受损后，因为维修费用过高而被拆除。首尔则在拆除城市高架桥后原地建起了优美的河滨公园道路（图 3–5、图 3–6）。

图 3–3 街道两侧停放的车辆破坏了步行环境（Gerhard Menckhoff，越南胡志明市，2004 年）

3.1.1 改善步行基础设施

发展中国家城市交通构成中，步行比例通常较高，但步行基础设施水平仍有待改善。步行便道、过街天桥和地下通道、信号灯和人行横道斑马线是主要的步行设施。

步行便道应同时满足各种步行形式和人群的需要，如独行者、结伴步行者、溜宠物的行人、推车和手拉车使用者、跑步和轮滑者、观光游览者、嬉戏玩耍者等。许多步行便道还应容纳踏板车和自行车。

图 3–4 缺少安全过街设施，孩子冒着生命危险横穿马路（Thirayoot Limanond，老挝万象市，2006 年）

图 3-5　首尔拆除高架桥，重新恢复了城市景观，获得了宝贵的发展机会（首尔发展研究所）

不同群体需要不同的步行空间（图 3–7）。独行者大约仅需要 18 ~ 24ft（45 ~ 60cm）的步行宽度，两人并行、轮椅、手推车、跑步或自行车则需要更多的空间。

另外，步行便道上还经常设有各类“设施”，如路标、咪表、邮箱、垃圾箱，甚至包括露天咖啡厅。同一便道上的行人错身而过时还需保持一定的“安全空间”。由于便道空间经常被挪用，步行便道的使用宽度通常远小于设计宽度（图 3–8）。因此，应在设计阶段充分考虑步行设施的实际用途和路况条件，加强路权管理，禁止各种侵占行为。

使用交通事故地图标注法可以确定事故多发路段。尽管交警掌握的信息可能远低于实际情况，但仍能提供很多有价值的帮助。收集交通事故（包括非机动化方式）的信息，在地图上精确标注事故发生地点（至少区分交叉口及非交叉口事故）。一旦发现与步行和自行车设施有关的危险地点，立即着手改造。

图 3–6　首尔基础设施的改善提升了生活质量（Lloyd Wright，韩国首尔，2005 年）

建立一套评价步行条件、适宜性的评价体系可作为最初启动的基础工作。步行适宜性应包括行人设施的质量、便道条件、土地利用模式、社区支持力度、安全性及舒适性等指标。

许多物理措施可以用来改善步行环境 [利特曼（Litman），2008 年]：

（1）宽阔的步行便道，明确标出步行区域。线杆、消火栓及其他街道设施均设置在步行区域边缘。

（2）彩色的、明确标识的、醒目的人行横道。

（3）步行便道和街坊路上的安全照明灯。

（4）步行设施维护和路权管理，保证

图 3–7　曼谷中心区宽阔的人行道利用树木分隔机动车，使用者可以享受凉爽的绿荫（Thirayoot Limanond，泰国曼谷，2005 年）

图 3–8　设计不当且缺乏监管的停车致使步行便道空间狭小（Carlosfelipe Pardo，泰国芭堤雅，2005 年）

图 3-9　步行与自行车共用的非机动化道路（Lloyd Wright，日本千叶市）

图 3-10　通过突桩实现行人与机动车空间的隔离（Andrea Broaddus，法国图卢兹，2007 年）

图 3-11　巴庸的收缩路口、信号、减速带使得车辆减速(Andrea Broaddus，法国巴庸，2007 年）

无废弃物和障碍物。

（5）行人倒数记秒信号灯，指示剩余通过时间。

（6）长座椅、路灯、公共厕所等街道设施。

（7）有遮盖的公交候车区域，可使公交乘客免受日晒雨淋。

改善步行环境和质量的责任主体通常为当地政府。有时还需国家/省级市级交通机构提供财政和技术支持。总结当前主要问题，制订行动计划是需首先启动的第一步工作。

“在设计社区时，应更为重视步行者的出行环境而不是小汽车使用者，打造安全、平衡、多样、健康、愉悦、舒适的步行和自行车出行环境。这类社区应是一个以人为本、重点关注儿童、老人和残疾人士的社区，并且严格禁止汽车导向设计倾向和不文明的驾驶行为。同时应重视中心城经济复苏，阻止城市无序蔓延，并采取特殊措施来保护公共空间。”①

3.1.1.1　步行便道和人行横道

所有的城市道路都应设置机非分离区域，为行人提供安全的步行空间（图 3-9）。步行便道是一种常见的立体步行设施。它们高于道路路面，具有可见性和保护性。许多城市还采用了一种新的“空间分享”方法，即利用路面材料、树木、突桩等方法降低车辆行驶速度，方便行人通行，保障行人安全（图 3-10、图 3-11）。

人行横道设置是否合理是影响步行安全性的关键因素。汽车导向

① 步行社区，Dan Burden（www.walkable.org）。

的道路设计中，行人在步行信号时间内无法通过过宽的道路。惯用的补救方法是在交叉口设置方便行人中途驻足的“交通岛”，最为理想的情况是行人总是可以顺利通过斑马线或者中间隔离带（图 3−12 ～图 3−14）。

在不设置或较少设置信号灯的快速路和主干道上，仍需为行人提供独立的过街设施，如过街天桥和地下通道（图 3−15、图 3−16）。虽然这些设施投入较大，但可以安全且有效地连接道路两旁的社区。此外，过街天桥和地下通道的阶梯处有必要设置缓坡和自动扶梯（条件允许时），否则还是容易出现行人横穿马路的危险情况。由于自行车与步行也存在速度差异，现代化的步行便道还应设置步行和自行车分隔设施，以减少两者之间的冲突。

图 3-12　行人必须爬上道路两侧的高台，才可以在斑马线上穿越马路
（Carlosfelipe Pardo，泰国曼谷，2005 年）

图 3-13　穿越宽阔街道时，人行横道斑马线为行人提供庇护
（Andrea Broaddus，法国巴庸，2007 年）

图 3–14　巴黎供行人和自行车共用的人行横道能够避免冲突（Andrea Broaddus，法国巴黎，2007 年）

图 3–15 新加坡设有双向标志的宽阔人行横道（Karl Otta，新加坡，2004 年）

图 3–16 名古屋的行人和自行车过街天桥（Lloyd Wright，日本名古屋，2006 年）

3.1.1.2 步行区

在步行需求较大的城市区域应设置步行区，禁止或限制机动车通过（图 3–17）。步行区一般设置在道路狭窄的城市中心区或商业购物区。除行人外，限行区域的道路只允许邮政和公交车辆低速通过。20 世纪 60 年代以来，许多欧洲城市都在中心区和商业区建立了步行区（图 3–18、图 3–19）。此外，步行区边缘应设有停车库或驻车换乘设施。

图 3–17 成都的步行区限制机动车及自行车进入（Karl Fjellstrom，中国成都，2003 年）

图 3–18 仅限时向货车和自行车开放的柏林步行区（Mantred Breithaupt，德国柏林，2003 年）

图 3–19 生机勃勃的步行街——在商业中心设置步行区提高了步行的趣味性和便捷性（Andrea Broaddus，意大利那不勒斯，2007 年）

案例 7　为行人打造安全舒适的步行环境

保护行人的基本原则如下。

限制车速：

(1) 改变道路的物理设施配置；

(2) 设置绿植换入带或中间隔离带，迫使车辆低速行驶；

(3) 提升人行横道路面高度；

(4) 设置粗糙平面的减速带。

缩短行人的穿行距离：

(1) 交通岛 [在多车道单向道路上设置交通岛的做法存在争议，相关应用也较少（仅有巴西库里提巴等几个例子）。印度尼西亚许多城市都建有宽阔的单向路，其信号灯和交叉口间距离较长，交通岛的设置引人关注]。

(2) 在交叉口收缩路口。道路由远及近逐渐缩窄至交叉口（交叉口处的大多数道路路面过宽；路口收缩可使掉头车辆减速并提高过街行人的可视性）。

在主要非机动车路段上限制机动车通行：

(1) 交通网格（重新布置街区道路使过境车辆绕道行驶）、限制停车、拥堵收费、缩减车道宽度、禁止某类车辆通行及其他措施。

(2) 设置易于驾驶人辨识的标志、标线，如交通标志、突桩、粗糙纹理 / 彩色路面等，明确区分步行区域。

(3) 提升交叉口人行横道的高度，或采用彩色涂料、特定路面材质等方式凸显人行横道。

防止机动车冲撞的物理性行人防护设施：

在交叉口的路缘石周边安置突桩，防止货车及机动车侧翻伤害行人。突桩也可以防止步行道违章停车。

人行横道信号灯：

(1) 非机动车信号相位使行人在转弯车辆通行之前通过交叉口。

(2) 红灯时禁止车辆右转。

(3) 为非机动车设置交通信号（在荷兰，自行车、机动车、行人及有轨电车的交通信号完全分开，保证了有轨电车和自行车优先，但不易被辨识）。

在发展中国家城市的交叉口没有交通信号设施的情况非常普遍，给行人和非机动车辆出行带来危险 。

3.1.2　改善自行车基础设施

自行车是发展中国家城市居民的主要交通工具，但其使用环境和基础设施仍有待改善。表 3−1 中列举了常见的自行车设施类型，包括自行车道、自行车过街天桥和地下通道以及自行车停车场等。有的设施虽然没有专用名称，但同样需要科学设计、维护及管理，从而保证自行车出行安全。可以说，改善自行车基础设施也就是改善自行车出行条件，提高自行车出行灵活性和吸引力。

作为最长也是最古老的步行区之一，斯洛多耶步行购物街位于哥本哈根市中心。这条超长步行街由多条商业大街连接而成，与其他街道的交叉口处允许机动车穿行。邮政送货

自行车基础设施类型[①] 表 3–1

类 型	说 明
非机动车道路和小径	与机动车道分离的自行车道路，可修建在机动车道和轨道线路两侧、公园小径以及其他有线性通道的地方
自行车专用道	供自行车使用的车道，需禁止小汽车路边停车，提高自行车出行的舒适性及安全性
自行车专用路	供自行车使用的专用道路
自行车专用线路	特别用于自行车出行的专用车道
自行车优先道路	将部分城市道路设计为方便自行车出行的道路，不鼓励过大的机动车流量和行驶速度
机非共用道路	自行车可以使用的机动车道
普通车道	大部分的自行车出行都发生在没有特别指定或设计特征的普通车道上
机动车道路肩	铺装的和没有铺装的机动车道路肩都可用于自行车出行
步行道	一些自行车出行者尤其是儿童及自行车初学者会使用步行道。步行道分布在车流量较大的机动车道两侧，对自行车缺乏监管

车可以在清晨驶入步行街，商铺结业后允许清洁车进行卫生清扫工作。

阿根廷的科多巴、门多萨、罗萨里奥等大城市的步行街与广场、公园相互贯通，全天24h都熙熙攘攘，非常热闹。1913后，布宜诺斯艾利斯 Calle Florida 大街的部分路段也被改造为步行街。步行区内有琳琅满目的商铺和美味的餐馆，附近还可以观赏众多街头艺人和探戈舞者的精彩表演。

自行车出行大都发生在没有特殊标志或设计特征的街坊路、路肩和步行道上。因此，设计、维护和管理这些设施，以方便自行车出行就显得非常重要。例如，在道路两侧及路缘上应尽可能地设置卡放自行车轮胎的停车装置。当地政府一般负责改善自行车出行环境的工作，部分地区性或省级、国家级运输机构也为其提供财政和技术支持。美国许多地方政府采取一种"完全街道"政策——新改建道路必须能够安全容纳步行和自行车出行。

3.1.2.1 自行车专用道

提高自行车出行安全性和改善出行环境的措施是 TDM 战略中至关重要的内容。自行车专用道分配给自行车使用者合理路权，可以提高其安全性和舒适性。通常，在狭窄而繁忙的干道上，小汽车与自行车容易发生冲突（如在禁止鸣笛的街道上，小汽车很容易撞到自行车），因而设置自行车专用道非常必要。自行车道可设置在道路边缘或机动车道与停车道中间，约 1m 宽，用不同颜色材质铺装，并设有自行车标志（图 3–20 ~ 图 3–23）。

一些城市将自行车道设置在道路旁边，与道路设置成同一高度并用突桩或其他隔离物分离，或者设置在步行区域内。设置在人行道旁边的自行车道一般通过标志线或者不同颜色材质的路面来区分。

但必须注意，这种"共用车道"比较容易误导出行者，同时仅能容纳少量的自行车通行。为克服这一弊端，哥本哈根施划了不同等级的自行车专用道，提高自行车专用道的承载能力。

① 改编自利特曼（Litman）的《在线 TDM 百科全书》，http://www.vtpi.org/tdm。

图 3-20　伦敦设计合理的彩色喷涂、方砖纹理的自行车道（Lloyd Wright，英国伦敦，2005 年）

图 3-21　自行车专用道（Gerhard Menckoff，越南河内，2005 年）

图 3-22　独立于机动车路网的双向自行车道（Lloyd Wright，英国伦敦，2006 年）

图 3-23　巴黎的分级双向自行车道（Manfred Breithaupt，法国巴黎，2007 年）

路外自行车道也是许多城市自行车网络的一部分，为自行车使用者提供与机动车完全分离的安全路径，如穿越公园或沿河的道路。表 3-2 列举了这种非机动车道物理隔离方法的优缺点（摘自原始资料分册 3d）。

非机动车道物理隔离方法的优缺点　　**表 3-2**

优点	缺点
增加了非机动车使用者的安全感	在路径狭窄的情况下难以顺畅通行，特别是三轮车容易造成堵塞
天然屏障	路面垃圾不能及时清扫，且容易被商贩占用空间
可以实现非机动车双向交通	必须设置在机动车停车道的两侧
避免非机动车使用者误闯机动车道	送货车停靠不方便
减少机动车的违规占道行驶或停靠	三轮车要求更多的空间，双向交通至少需 2.4m，条件许可时应达到 4m

3.1.2.2　自行车停车设施

便捷安全的自行车停车服务是自行车基础设施的重要组成部分。在商业区和公交轨道车站周边应设置足量的自行车停车架（图 3-24 ～图 3-26）。政府部门可要求在私人停车场、

图 3-24　合理设置停车设施，为使用者提供方便，减少步行空间占用（Andrea Broaddus，英国剑桥，2007 年）

图 3-25　科学设计的停车装置可在满足停车需求的同时最大限度地节省空间（Lloyd Wright，丹麦哥本哈根，2006 年）

图 3-26　慕尼黑地铁 / 电车换乘处的自行车停车设施促进了多方式转换（Alex Kuhn，德国慕尼黑，2004 年）

停车库以及居民住宅附近配建自行车停车场。如果经常出现自行车锁在树上或柱子上的情况，说明该地区的自行车停车需求未得到有效满足。如案例 9 所示，好的自行车停车政策就是在合理的地方设置适宜的停车位数。目前比较流行的做法是在小汽车停车场周围设置自行车停车位，以免占用步行空间。

在大多数情况下，自行车停车是免费的。一些城市自行车出行比率较高，为保障车辆安全，使用者需要缴纳一定的保管费。

案例 8　非机动车道设计

《CROW 手册》（见下文）为不同类型自行车设施适用范围提出了建议。机动车流量和车速是两个决定性因素。当道路车速低于 30km/h 时，不需要设置隔离设施。在车速位于 30 ~ 60km/h 之间的道路上，是否设置隔离设施取决于交通流量。在 40km/h 车速下，如果道路流量大于 6000 单位小汽车(pcu)/ 天，就需要对自行车进行隔离。当车速大于 60km/h 时，不管交通流量大小都需设置隔离设施。

限速道路或行驶速度不超过 40km/h 的道路上，不强制机非分离。如果机动车速度超过 40km/h，但道路路肩足够宽，且可以完全用作自行车道，也不需设置自行车专用道。

普通街道上也有必要设置简单的自行车交通措施。此时，需主要考虑排水设施的设计，应避免自行车轮陷入水中。湍急无盖的排水沟渠会威胁到自行车出行者的安全。带棱角的路缘石切口也比圆角路缘石更加危险。道路上的壶状洞口、路上裂缝、过于繁茂的植物、沙土、砂砾以及路上的车油和其他影响机动车使用者的因素都会增加自行车使用者的焦虑感。

在现有街道上设置自行车路线标识非常重要。第一，通常来说，自行车出行可以使用主干道以外的次干道或支路，自行车使用者通常并不熟悉这一更加适宜的出行路线。自行车路径编号以及自行车路径匹配地图可以帮助自行车使用者寻找环境更好的路线。第二，进行信号灯、交叉口设计以及道路维护等工作时，该标识可以为相关部门提供信息。

如没有物理隔离，单向机动车路的非机动车道也应设为单向。在机动车右向行驶的国家，更倾向于在道路右侧设置非机动车设施。自行车使用者在单向自行车道上反向行驶通常是引发交通事故的主要原因。

交叉口设计：

在发达国家，绝大多数交通事故发生在交叉口。在发展中国家也有大量的交通事故发生在交叉口，这些事故主要是在行人穿越较长干道时发生的。

治理交叉口处的非机动车有两种方法，一种是将非机动车从交叉口分离出来；另一种方法是当非机动车进入交叉口时，清空交叉口中的机动车。

在中国的许多城市和哥伦比亚的波哥大，许多主要的机动车交叉口都设计了机非分离设施，自行车使用者拥有完全分离的道路，机动车可从其上方或下方驶过。

案例 9　自行车停车发展的影响因素

针对用户需求，使用合理的自行车停车架。

短时间停车：

在设计自行车短时停放设施时，需重点考虑便捷性（尽量靠近目的地）。同时，一些短时停车点也需要免受不良天气影响而得到保护（暴晒天气下停车需求可能增加，部分车辆难以得到防护）。

长时间停车：

在设计自行车长时间停放设施时，需在既定范围内合理规划设置停车架、锁扣、停车库或围栏等设施，需配备安全性能高的防盗装置和不良天气防护设备。其他需要考虑的因素包括以下几方面。

（1）能见度。车架应该具有较高的能见度，既方便寻找停车位，也可防盗。

（2）安全性。提供充足的照明和监控，保护车辆安全。确保自行车停车架和锁扣的稳固结实，防止破坏及盗窃行为。

（3）不良天气防护。部分自行车停车需进行不良天气防护（一些短时停放点可不设防雨棚，因为通常短期停车都发生在天气较好时间；可充分利用既有的防护棚和覆盖物，或配置防水的户外自行车锁扣装置或者室内停车区域）。

（4）宽敞的停车空间。防止自行车、行人与停放车辆之间产生冲突，自行车停车架附近应保持宽敞。另外，自行车架不应该阻挡建筑物的进口和消火栓。

3.1.2.3　自行车租赁服务

许多城市居民虽未购置自行车，但仍具有使用自行车的潜在愿望。一些城市为潜在的自行车使用者提供免费或低价的公用自行车，通常这些自行车属于自行车租赁公司或慈善机构（图 3−27 ～图 3−29）。哥本哈根政府提供了一种特殊设计的自行车，车把处镶有旅游地图，自行车可免费使用，但需要 2 欧元硬币开锁，类似于押金。

欧洲一些城市鼓励公司提供廉价的自行车出租服务。巴黎的"Velib"出租点遍布全市，用户在一个出租点刷借记卡取走自行车，使用完后须在另一个出租点归还。德国 Deutsche Bahn 国家列车运营公司专设了一个自行车出租机构，所提供的"Call a Bike"服务允许消费者通过信用卡或借记卡建立账户，并可以通过自动服务网络用手机租赁自行车，使用结束后，用户不必再回到出租点，将自行车停放在任意街角处即可。

图 3−27　塞维利亚自行车租赁系统
（Manfred Breithaupt，西班牙塞维利亚，2008 年）

图 3−28　大阪的"出租自行车"
（Lloyd Wright，日本大阪，2006 年）

人力自行车或三轮脚踏车也是比较流行的自行车出租形式。它们与出租车类似，但不会带来污染。在发展中国家人力车比较普遍，同时也解决了部分就业问题（图 3–30、图 3–31）。目前三轮脚踏车在伦敦、纽约和柏林等欧美城市日益增加（图 3–32）。

图 3–29 “电话预约自行车”是柏林公交运营公司推广的自行车租赁计划（Andrea Broaddus，德国柏林，2007 年）

图 3–30 人力自行车是亚洲地区重要的运输方式（Parlosfelipe Pardo，泰国清迈，2005 年）

图 3–31 人力自行车在河内是很普遍的廉价出行方式（Manfred Breithaupt，越南河内，2006 年）

图 3–32 柏林的新型脚踏出租车（Andrea Broaddus，德国柏林，2007 年）

案例 10 自行车租赁服务实例

Vélo à la Carte: 法国雷恩的公私合营案例。

Vélo à la Carte 从 1998 年开始，作为雷恩市和商业宣传公司 Clear Channel Adshell 的合作企业，在 25 个站点出租 200 辆自行车。Clear Channel 为当地管理机构提供智能自行车系统以及信息亭或公交车站遮雨板等服务。该公司负责雷恩市 Vélo à la Carte 的建设和运营。自行车的服务成本通过户外广告回收，该收入只能作为自行车系统的发展基金。Clear Channel Adshell 公司也从智能自行车系统的广告附加值中获取了利润。雷恩市则在不断增长的市民非机动化出行中获得了收益。

OV-fi ets: 提供给轨道乘客的公共自行车。

OV-fi ets（“OV”为公共交通，“fi ets”为自行车）2002 年开始，作为一项永久性服务，自行车与公共交通系统整合项目得到了公益性资金的支持。OV-fi ets 在 100 个轨道站点都设有服务点，通过提供方便快捷的自行车租赁服务，扩大轨道交通的覆盖面。该服务覆盖了 Randstad（荷兰最大的聚居区）大多数大型车站和其他地区的数个车站。在获取服务前，用户必须在 OV-fi ets 注册，并收到一张 OV-fi ets 卡。持卡人在站点的计算机系统上结算租车费用。另外，用户也可以在 Railpass 注册，两套系统彼此兼容。租用的自行车可以单向使用，如去工作地点，在那里将自行车停放上锁一段时间，直到用户需要使用它返回轨道车站。OV-fi ets 的使用费为每 20h 2.75 欧元，最长租用期为 60h。用户每月按照委托书要求通过银行账户付款。2006 年，超过 23000 人次成为该系统的注册用户。2007 年，OV-fi ets 基金会被荷兰国家轨道公司 NS 接管。由于形成了经济规模，OV-fi ets 是少有的几个被认为在未来具有盈利前景的公共自行车计划。

案例 11　非机动交通方式基础设施改善的注意要点

从政府层面来说，投资轨道交通建设项目的难度比步行设施改善项目小得多，尽管前者的资金需求远高于后者。政府往往倾向于一些能带来显赫政绩的大型工程项目，而对于改善步行环境这类造价低、规模小、周期长、需要数届政府持续努力才能发挥作用的长效工程，却很难获得稳定的资金投入和政策支持。

步行设施的改善非常需要政府部门和相关利益群体的共同推动。其中政府的作用是决定性的。波哥大最近开展的一项大规模非机动化交通设施改善项目就是一个例子。在波哥大，市长拥有很多权利，Enrique Penalosa 市长坚信该类措施的重要性，并将改善城市交通运输系统作为自己的竞选承诺。这就大大降低了该类措施推行的难度，在整个项目推动过程中，尽管也有非官方组织参与，但起到决定作用的还是市长办公室。与此类似，巴西库里提巴商业区的步行交通设施建设也是在具有前瞻眼光的市长推动下得以成功的（《城市发展政策中交通的作用》分册 1a）。中国过去对自行车的歧视性政策和当前的自行车复兴潮流都是在国家最高领导层的倡导下才得以成行的。

在另外一些城市，自行车使用者、非政府组织、国际基金组织的作用要更为关键。在大多数美国大城市、西欧和中欧的克拉科夫、布达佩斯以及亚洲的曼谷和首尔，自行车和步行设施改善项目得以实施就是民间组织和自行车联盟多次与政府沟通协调的结果。在阿克拉和 Tamale（加纳）、坦桑尼亚、马里基纳、马尼拉（菲律宾）、利马（秘鲁）、但泽（波兰）、日惹（印度尼西亚）、圣地亚哥（智利）等地，国际组织如世界银行或 UNDP，给予了自行车及其他非机动化交通设施强大的支持。

此外，在媒体上进行的宣传推广活动也是非常重要的影响因素。在上面的案例中，市长通过电视媒体号召民众接受和支持步行和自行车改善项目，取得了不错的宣传效果；民间组织也可以巧妙地借助媒体的力量，获得公众对非机动化交通设施改善的支持。

总之，邀请政府部门和社会组织全程参与项目工作，使其全面了解和认同项目的价值，将在很大程度上降低项目的实施难度。不同类型的步行和自行车改善项目所需经费也存在差异，主要公共交通枢纽或交叉口非机动化交通安全性改善工程所需经费可能达到上千万美元。此外，不同国家建设成本和建设周期也不同。大部分措施的周期不会超过一年，一些引导设施的铺装只需要数周时间。

发展中国家城市在推广步行和自行车方式时，应首先成立专项工作组，专门负责推动整个计划的落实。该小组可从改善机非隔离设施入手，落实步行和自行车基础设施改善计划，短期内为全市范围内的非机动化交通网络建设奠定基础。

3.2 改善公共交通服务

3.2.1 增加公共交通供给能力

目前主要有两大类针对公共交通服务水平的政策法规，一是规范运营商的运营组织模式，二是增加车辆和站点等公共设施。关于公交服务和费用的详细内容参见《公交车辆的监管与规划》资料汇编分册 3c。

3.2.1.1 公交服务整合

许多城市都拥有多家公共交通运营主体，包括不同的公交运营公司或不同区域的地方政府相关机构。由于不同运营主体的公交线路和时刻表缺乏有效的衔接配合，导致很多区域出行的乘客必须在不同主体之间频繁换乘，或在地面公交与轨道交通之间忍受长时间的等待。

整合公共交通服务并不需要大规模的资本投入，通过提高运营商的线网规划与组织沟通能力，为乘客提供无缝衔接的运营网络和服务，不仅能提高乘客满意度，还有助于吸引新的用户群体。整合票制、票价是另一种方便乘客出行的方法。但由于缺少一个统一的票款跟踪和清算系统，很多能够提高公交吸引力的支付工具（如月票）难以在不同运营商线路间通用。案例 12 介绍了新加坡公交系统近期的发展成绩——从最初的运营商独立运营的分散网络发展成为统一使用智能收费卡的综合系统。

案例 12 新加坡公共交通系统的发展历程

为了更好地整合轨道交通和地面公交的功能，搭建一个统一的综合公共交通网络，新加坡两家地面公交和通勤铁路私人运营公司组建了 Transit Link 联合公司，实现了票制票价、信息服务以及公交网络的有机融合。

票制、票价整合：该公司推出的 EZ-LINK 智能卡可在两家公司的运营车辆上通用。45min 内的轨道 / 公交、公交 / 公交换乘可享受一定折扣，节省了乘客的出行成本。通勤者可以选择在一次出行中享受一次、两次或三次的换乘折扣。Ez-Link 卡可在车站、换乘站及便利店充值，或者与银行账户挂钩。此外，乘客也可以选择车上投币付费，但投币付费的票价要高于 Ez-Link 卡。

信息服务整合：该公司定期印发“Transit Link Guide”运营手册，列示了旗下地面公交线和轨道交通线运营信息。并在大型公交站点设置电子站牌，发布公交服务信息。此外，乘客还可以通过互联网或免费电话获得公交车 / 列车信息服务。

公交线网优化：主要通过集中优化地面公交服务来实现网络的整合，即开辟轨道新线以替代重复冗余的地面公交和轨道服务。Transit Link 使用 TRIPS 计算机模型作为评价和预测新线客流需求的工具。但该模型目前不能自动生成公交线路，需要熟悉地面公交线网、经验丰富的技术人员手工添加。

票制票价、信息服务及网络设施高度整合提供了一个无缝衔接的通勤出行环境。其中最大收益来自多方式支付卡的推广使用。持卡者在规定的次数内享受到换乘折扣时，对换乘过程的抵触情绪也明显降低了。①

与改善技术手段相关的TDM措施包括增设公交线路、缩短发车间隔、提供轻轨、通勤铁路及城际铁路服务等。对于同时拥有多家小型公交运营商的发展中国家城市，改善乘客服务质量和舒适性的最佳方法是加大基础设施投入，如增设公交站点等。城市公交系统一般由多种服务类型组成：

（1）通勤铁路——全部由机车牵引，使用城际重轨。运行速度高，拥有独立的线路通行权。站距较大，每节车厢能够搭乘数百名乘客。

（2）轻轨（LRT）——由柴油或电力驱动，车型较小。运行速度适中，站点较多，主要服务于城区，连接周围地区及商业区。拥有独立线路，线路可与路面交通走廊重合。车辆通常由两节车厢组成，每节车厢能够容纳120名左右的乘客。

（3）有轨电车——在街道上以较低速度行驶的小型列车。通常与其他车辆共用车站。列车由一节或两节车厢组成，能够容纳40～80名乘客，一般为电动引擎。

（4）地面公交——车型较大，能承载40名乘客。通常是柴油动力车，在空气质量较差的城市可使用LPG、CNG或者电力牵引。最新的车型设有低底盘和宽车门，方便老人和抱小孩的乘客上下车。铰接车在中部设置了弹性连接装置，车身是普通车型的两倍。

（5）快速公交（BRT）——在公交专用道上，发车频率高，行驶速度快，服务质量较高。可以使用传统公交车或类似于胶轮车的车型。②

（6）轮渡——服务于城市水域分隔区港口间客运需求的营运船舶，容量在几十至几百人之间，通常由个体运营商承包。

案例13　改善公共交通服务的措施

（1）增加公交服务的频率，如增加运营车辆和运营里程。

（2）提升公交服务的质量，如舒适性、便捷性和可靠性等。

（3）针对公交乘客的经济激励，如降低票价，针对通勤者的财税补贴、市场激励等。

（4）公交导向的土地利用模式，包括公交车站周边和线路沿线的紧凑式的土地开发模式。适宜步行的混合式土地开发模式等。

其中，增加公交客运量的专项措施包括：

① 新增线路，扩展覆盖面，提升服务频率和延长运营时间。

② 高承载车道优先（HOV车道、公交车道、超车车道、公交优先交通信号以及其他减少公交车辆延误的措施）。拥有独立路权的公交线路可避免因交叉口信号和拥堵造成的延误。

---

① 详情请参见原始资料分册3c第22页。

② 3.2.1.2小节中将更详细地阐述BRT，也可参见《可持续交通：发展中国家城市决策者资料手册》3b部分。

③ 为公交和步行重新分配道路空间。

④ 改善舒适度，包括设置公交车遮蔽板和舒适的座位。

⑤ 更加低廉且方便支付的票制票价（如对经常乘坐的乘客打折）。

⑥ 使用电子“智能卡”等更加便捷的付费方式。

⑦ 改善乘客信息服务水平，包括公交车辆到达的实时信息（Dziekan and Vermeulen, 2006 年）。

⑧ 公交导向的发展和聪慧式增长等利于公共交通发展的土地利用模式。

⑨ 通过改善行人和自行车设施，提高公交站点的可达性。

⑩ 整合自行车和公交服务（站点周边设置自行车停车架、自行车路径及车站附近的自行车停车场）。

⑪ 车辆、车站和行人设施的标准化设计，满足残障人士的需求及其他特殊需求。

⑫ 停车与换乘设施。

⑬ 改善公交乘客和步行者的安全性。

⑭ 提供各种各样的服务指南，包括地图、时刻表、热线电话以及其他一些乘车路线信息。

⑮ 整合公交网络，提供便捷的换乘服务和可获取的线路信息。

⑯ 满足特殊出行的公交服务，如快速通勤公交、特殊事件服务以及各式各样的往返班车。

3.2.1.2　快速公交（BRT）

快速公交是一种基于传统公交系统的新型公交形式，服务质量接近轨道交通，但建设成本较低，也更加灵活。BRT 可使用专有轨道或公交专用道，能够最大程度地保证运行速度和舒适性。高发车频率、容易辨识的站点设计、快速乘降系统以及其他措施都能有效地减少延误。目前，发达国家和发展中国家城市都在修建 BRT 系统（图 3–33）。

BRT 车道可借用既有等级或改造为更高等级的道路（图 3–34）。BRT 车辆需要实现快

图 3–33　波哥大的“新世纪”快速公交（BRT）车站提供了快速便捷的公交服务（Parlosfelipe Pardo，哥伦比亚波哥大，2006 年）

图 3–34　BRT 车站设置在道路中线，专用道提高了公交出行速度(Parlosfelipe Pardo，哥伦比亚波哥大，2006 年）

速乘降，且能保证平缓运行。一些 BRT 站点也提供与轨道交通类似的服务，包括高质量的车站遮蔽板和乘客信息。理想情况下，站台上还设有电子售检票装置，避免了传统公交车的服务延误。表 3–3 介绍了人们对于 BRT 的错误认识与实际情况的对比。

关于 BRT 的错误认识与实际情况①　　**表 3–3**

错误认识	实际情况
BRT 的运输能力远低于轨道交通	波哥大的 Trans Milenio 系统单向运送能力达到 3.6 万人 / h，圣保罗 BRT 系统达到 3 万人 / h，远高于一般的轻轨和地铁系统
BRT 仅适用于人口密度较低的小城市	许多大城市已经开始引进 BRT 系统，包括超过 700 万人口的波哥大、马尼拉、曼谷、雅加达和北京
BRT 需占用大量的道路空间，且不适用于狭窄道路	BRT 可针对不同道路条件制定相应的解决办法。基多市在旧城中心 3m 宽的街道上建造了 BRT 系统。轨道交通的空间占用也很大，如 Sky Train 系统仅支柱就需要占用一条车道
BRT 运行速度和效率与轨道交通差距很大	美国 GAO 研究表明，与 LRT 相比，BRT 平均速度更高（US GAO，2001 年）
BRT 使用了劣质橡胶轮胎，消费者不会接受 BRT	很难相信在波哥大、库里提巴或基多的 BRT 乘客会认为 BRT 技术含量低。BRT 车站、枢纽站和车辆的外观设计同样可以达到轨道交通系统的水平
与轨道交通相比，BRT 不能支持公交导向的土地利用模式	波哥大和库里提巴的经验表明，只要给予合适的支持，BRT 也能像轨道交通一样促使车站附近区域良性发展
BRT 只能提供辅助性服务，但不能满足主要交通走廊的需要	BRT 既可以提供辅助性服务，也可以为高密度城区的大容量客运走廊提供运输服务

3.2.1.3　公交专用道

更加可靠的出行时间有助于提高公交服务吸引力。公交专用道是一种提升公交可靠性的物理措施。可以在拥堵情况下确保 BRT 车辆不受其他车辆的影响，且无须更换车道（图 3–35、图 3–36）。

图 3–35 公交专用道缩短了出行时间，而可靠的出行时间吸引了更多的乘客
（Lloyd Wright，韩国首尔，2005 年）

① 资料来源：德国技术合作公司《可持续的交通：发展中国家城市决策者资料手册》3d 分册：非机动化交通的保护和发展，作者华尔特 · 胡克（Walter Hook），http://www.sutp.org。

“同向公交专用道”与交通流方向一致，用彩色路面标识。此类专用道实施难度小，但需要严格监管，谨防小汽车违规占用。而出租车、电动自行车、自行车则通常被赋予一定的使用权限。新加坡于1974年在大部分主要道路两侧设置了公交专用道，在高峰期间禁止其他类型车辆使用，自此，地面公交出行比例提升到15%。此外，由于选用最靠近站点的机动车道作为专用道，既避免了公交驾驶员漏站的问题，也排除了换道车辆影响。

图3-36 伦敦的公交专用车道
（Lloyd Wright，英国伦敦，2006年）

案例14 快速公交[①]

“快速公交”一词部分源于快速客运系统，指拥有独立路权的大容量轨道交通系统。该系统需要修建专门的高架轨道或地下隧道，且车厢较长，发车间隔小。由于名称的相似性，快速轨道交通经常被用来与BRT进行比较。BRT的形式非常多样，包括为人熟知的公交快线、公交专线、快速公交线及法国的BHNS服务。

但有意思的是，快速公交系统的“快速”并非指车辆运行速度。BRT运行速度一般为12～30mi/h（19–48km/h），与地面轻轨相当。BRT被设计成为一种能够提供高质量公交服务且建设成本低廉的公交系统，这一系统的基本要素如下：

（1）专有路权：包括公交专用道（仅供公交车使用），HOV车道（供公交车、合乘车、小型班车），以及其他类型的路权优先措施。一些快速公交系统使用了导轨，可实现车辆无人驾驶。

（2）高发车频率、大容量车型：乘客在高峰时段等车时间不超过10min。

（3）高质量车辆：保证乘车环境宽敞、舒适、安静、整洁，且方便乘降。

（4）预付费检票系统减少乘车延误。

（5）无缝衔接的票制、票价体系：可在公交线路或不同方式间免费换乘或享受打折优惠。

（6）便于获取的用户服务信息和市场推广活动。

（7）高档次的公交站点设计，及站点附近公交导向的土地开发模式。

（8）与其他交通方式有机融合：与步行和自行车设施、出租车服务、城际公交、轨道交通以及其他运输服务之间进行有效整合。

（9）为出行者提供优质服务。

（10）提升公交乘客和行人的安全性。

实施要点：

BRT一般由地方政府负责建设，公交运营商负责提供运输服务。为保证BRT服务的高效性，需要很好地协调专用道设计与监管、车辆购买、公交运营、土地利用规划、市场

① 资料来源：托德·利特曼的《在线TDM百科全书》，http://www.vtpi.org。

推广以及其他 TDM 措施之间的关系。

BRT 的健康发展需要一个优先发展公共交通的政策环境，需要政府部门在投资、路权管理和土地利用等方面给予公交倾斜政策。在公交服务质量较低的地区，还需要进行交通规划、道路管理、车辆购买、运营监管和土地利用方面的体制机制改革。当前，BRT 面临的主要困难在于领导缺位、资金不足、汽车导向的土地利用规划以及人们对公交系统习惯性的负面评价。

公交专用道的形式多样，可以仅就拥堵路段设置短距离专用道，或仅就拥堵时段设置高峰时期专用道，甚至可在单向道路上设置反向专用道，允许公交车反向行驶。反向公交专用道最好采用物理分隔物与其他车道隔离，但也有不设置明显分隔物的反向公交专用道的案例，如中国天津市。通常来说，同向公交专用道仅在高峰时间使用，反向公交专用道则是 24h 使用。

此外，也可以将整条道路设置为公交专用道路——"公交专用路"（图 3–37）。例如，伦敦牛津大道和纽约富尔顿大道就仅对公交车、出租车和货车开放。有时，高承载车辆（HOV）或合乘车、小型班车等承载率很高的车辆也可以使用公交专用路。专用路一般设置在主干道和快速路等高等级道路上。今后，公交专用路可能发展成为公交专用路网的一部分，有效提升整个系统的运营效率。在公交专用路网中，拥堵地区道路或局部路段将分配给公交车、小汽车和非机动车不同的路权和行驶速度。

图 3–37 波哥大"环境轴路"只允许 Trans Milenio 车辆和行人使用
（Parlosfelipe Pardo，哥伦比亚波哥大，2006 年）

案例 15 丹麦奥尔堡公交优先中的信息通信应用

为与私人小汽车进行竞争，公共交通必须提高服务的便捷性和舒适性。ITS 技术的引入使奥尔堡的公共交通系统成为丹麦的模范。ITS 相关措施提升了公交服务质量和形象。电子站牌提供的实时车辆到达信息能够缩短乘客的感知等待时间，提高乘客满意度。信息通信的目标包括：

（1）系统整合公共交通服务；

（2）打造现代化的公共交通系统；

（3）保证乘客获得可靠的全日制的公交服务；

（4）保证乘客可以方便地获取出行信息；

（5）为今后公交系统的 ITS 设施设置接口；

（6）改善公交驾驶员的工作条件；

（7）缩短乘客的感知等待时间；

（8）提高乘客的感知安全感。

2008 年，总车队中 80% 的公交车辆，共 209 辆公交车安装了公交计算机。同时为高密度地区的新站点和公交网络新增节点提供实时车辆信息。公交出行的步行距离缩短了，灵活设计的公交站台采用了节约空间的小型设施，使站点内部结构更加整洁清新。这些措施提高了乘客的出行质量。相关技术措施如下：

（1）ITS 通信技术确保公交车辆在交叉口获得信号优先权；

（2）在主要换乘点提供实时的乘客信息；

（3）扩展了因特网上的服务（http://www.aalborg-trafikinfo.dk）；

（4）通过一体化设计使乘客可通过 SMS 享受预约服务。在枢纽站的出行信息中心设有网络信息亭。

3.2.1.4　公交信号优先

信号优先是一项可提升公交车辆运行速度和可靠性的技术措施。该措施要求公交车装备有可与交通信号灯保持通信的雷达收发装置。交通信号可提前获知公交车辆到达信息，调整信号配时实现公交车辆优先放行，主要方法包括将信号灯由红变绿或继续保持绿色信号。交叉口信号优先在公交专用道或专用道节点作用特别明显，因为普通信号灯无法实现公交车与交通信号之间的信息交互。

3.2.1.5　改善公共交通基础设施

除公共交通服务之外，改善公交基础设施质量也可以提升舒适性和安全性，有助于保持和吸引更多的公交乘客（图 3-38 ～图 3-41）。这些基础设施包括公交车站、站台遮蔽板、公交换乘站以及轨道站点。一些低成本基础设施也可以提高公交运行速度和公交服务可靠性，如公交站点、乘降岛以及道路边线改造等。

图 3-38　库里提巴公交车站（Manfred Breithaupt，巴西库里提巴，2006 年）

图 3-39　库里提巴高质量的站台缩短了乘车时间和车辆运行时间（Manfred Breithaupt，巴西库里提巴，2006 年）

图 3-40 常州的 BRT 车站（Joseftraenkler，中国常州，2007 年）

图 3-41 名古屋的车辆遮蔽板（Lloyd Wright，日本名古屋，2006 年）

车站保持良好照明和可视度是维护公众安全的基本需求。在站点设置座椅、线路图和时刻表信息同样重要。现代化的公交站点还设有自动售票机、网络信息亭等高科技服务设施。

部分城市公交车配有信息通信系统，能够为乘客发布实时的车辆到达信息（图 3-42）。与交叉口信号优先技术类似，公交车雷达收发机可以与车站公众信息板保持实时通信，预报公交车到站时间。该项技术使得乘客可以通过手机查询车辆到达时间。此外，车站附近的步行环境也很重要，即乘客到达公交车站的步行便道和人行横道的质量。乘客候车环境同样关键，候车站台应提供公交线路及时刻表信息，使乘客清楚地了解相关公交线路信息和当前站点的位置。

图 3-42 慕尼黑公交车站电子站牌提供实时的车辆到达信息（Andrea Broaddus，德国慕尼黑，2007 年）

案例 16 新加坡公私合营改善公交通勤服务

1989 年，新加坡的轨道新线路投入运营。在一项民意调查中，地面公交车在出行速度、舒适性、安全性及噪声方面的得分低于小汽车和轨道交通，仅有出行费用一项优于小汽车和轨道交通。面对调查反映出的问题，新加坡政府有关部门采取了大量措施，来提高公交服务的效率和其对乘客的吸引力。

换乘设施以及站点可达性和候车时间是公交服务最引人争议的问题。因此，新加坡政府投入大量精力开展轨道站点的通勤服务设施。为实现公交乘客的便捷换乘，规划者在轨道站点附近设置公交车站、出租车站点、小汽车停靠站以及配置信号手控装置的人行横道。

公交换乘以及多雨的天气非常容易降低公交服务的吸引力。为此，新加坡政府增设了配有上盖的步行设施，乘客可以在遮蔽板的庇护下从容步行至公交车站，并享受舒适的候车环境。与此类似的另一项努力是在步行需求较大的地区修建一个覆盖步行便道、路侧小径和交通枢纽站周边露天区域的上盖遮蔽网络，很好地提高了公交站点的可达性。

新加坡 4400 个公交车站中，超过 90% 的车站设有附座椅的公交遮蔽板。与轨道站点相比，公交候车区的噪声、灰尘和汽车尾气等问题大大降低了舒适度；与轨道的准点服务相比，公交车到站时间没有规律，因此更需要一个舒适的候车区域。

最初，新加坡的公交遮蔽板空间不足，且外观呆板。一方面，需要扩大遮蔽板使乘客免受日晒雨淋；另一方面，在潮湿多雨的城市设置封闭的公交候车亭又会带来闷热潮湿的问题。近年来，随着技术的革新，大型公交遮蔽板得到广泛应用，部分遮蔽版甚至配有可以保护双层公交车乘客的遮雨檐。从 1995 年开始，为了鼓励私人公司主动承担设置、维护和定期清洁公交遮蔽板的工作，新加坡政府给予了私人公司一定年限的广告合约。广告板安置在公交遮蔽板内，设计高雅，每两周更换一次。在私人公司不感兴趣的偏远地区，则由政府负责公交遮蔽板的修建和维护工作。

案例 17　伦敦公交专用道和基础设施的改善

该项措施的主要目的是为公共交通出行建设一个高效友好的基础设施。目标是创造一个具有一致性质量和品牌的乘客环境。这包括：

（1）改善基础设施、信号设置、信息服务和换乘系统；

（2）改善出行信息服务的质量和数量；

（3）设置专门的投诉及报修热线，改善公交设施的清洁 / 维护系统；

（4）所有的设施都需进行安全审核；

（5）轨道站点、换乘枢纽和配有遮蔽板的重要公交站点附近都设置自行车停车处；

（6）规划实施公交专用路网，缩短乘客出行时间，提高出行效率；

（7）修订交通安宁计划；

（8）公交站点设置电子站牌；

（9）成立公交遮蔽板工作组，推广成功的实施经验，并实行损害上报制度。

到 2007 年，该项计划共花费 110 万英镑，对 125 个车站进行了升级改造，以满足公交标准的质量要求。主要工程包括提升路缘石，增设 88 个公交遮蔽板，开展道路清理工作以及提供时刻表信息。

案例 18　北京公交改革行动

为落实公交优先战略，近年来北京开展了道路建设、路网优化、车辆更新、个性化服务、票制票价改革、组织机构调整等一系列重大行动（图 3–43）。

改革开放以来，北京市公共交通迅速发展。然而，随着社会经济的发展、城市化进程和城市面积不断扩展，城市交通问题日趋严重。交通拥堵给人们的正常生活和社会经济发展带来巨大阻碍。尽管使用机动化工具出行的比例从 1986 年的 38% 增长到 2003 年的 61%，但公共交通的分担率从 35% 下降到 26%。

当时的北京市市长王岐山在 2006 年北京第二十届人口会议第四分会的发言中提出了

(a)

(b)

图 3–43　北京公交基础设施改造提供了公交服务的便捷性和可达性（Armin Wagner，中国北京，2006 年）

北京未来 5 年的蓝图。“我们将优先发展公共交通。轨道交通的里程将达到 270km，商业区的公共交通分担率将达到 40%。公交车将到达每个行政村。我们还将加强快速路的修建和维护，保证所有村镇接入快速路网络。首先应该保证公交导向的土地利用模式，保证公交车路权优先。财政投资向公交倾斜，同时制定法规政策，实现对公共交通运营服务的有效监管，促进北京公共交通行业的健康、协调和可持续发展。”

（1）建设轨道交通网络：到 2015 年建成由 19 条线路组成的，“三环、四横、五纵、七放射”共 561km 的轨道网络。

（2）改善“微循环”系统：加强次干路和支路建设，2006 年到 2008 年完成规划的 60%，建设 270km 的快速路网。

（3）公交站点改造：对四环路内的 23 个存在严重拥堵问题的公交车站进行改造。现有公交车站长度从 40m 增加到 50m，规模较大的车站长度从 80m 增加到 100m。同时明确标识公交停靠车道。

（4）调整公交线路：优化调整公交线网，撤销 32 条线路，在前门、火车站及东单附近增设 147 个公交车站。

（5）改革公交票制、票价：2006 年 5 月开始全面实施公交“IC 卡”系统，乘客可以在 8000 辆公交车、地铁及 30000 辆出租车上使用该卡。

3.3　小汽车租赁

许多公司的经营范围直接与 TDM 相关，如小汽车租赁公司。世界范围的很多城市出现了小时制的小汽车租赁组织，也就是所谓的小汽车租赁公司。小汽车租赁公司在城市的特定地点为其会员提供车辆（图 3–44）。与图书馆或影碟租赁系统类似，租车公司在城市范围内设置多个租车点，方便会员获得服务。这些公司基本采取会员制，通过对会员进行驾驶记录监控，来保证车辆的出租安全。按小时计算的租金里包含燃油和保险金。大多数

图 3-44　法兰克福可小时计费的出租小汽车，小汽车租赁公司可提供不同型号的车辆（Armin Wagner，德国法兰克福，2005 年）

租车公司为会员提供网站或电话订购服务。预约成功后，会员可以使用特定的钥匙或芯片卡来发动小汽车。租车作为一项 TDM 措施，其主要目的是减少小汽车购买需求。在发展中国家，租车服务可满足许多无车家庭的用车需求，既能让居民方便地使用小汽车，又不必负担买车和养车的成本。布莱梅市新成立的租车公司 StadtAuto 与当地公交机构合作，建立了一家小汽车出租中心，将小汽车租赁和公共交通服务进行了高效整合。

案例 19　布莱梅市“公交 + 小汽车”联通卡

从 1998 年起，布莱梅市公共交通系统为乘客提供了一种“公交 + 小汽车”联通卡服务，该联通卡具备公交费用支付卡与小汽车租赁公司 StadtAuto 会员卡双重功能。使用者在乘坐公交时享受打折优惠，但需支付手续费和加入小汽车租赁服务时的一次性费用。使用者需在小汽车租赁中心建立账户。小汽车租用按照租赁时间或行驶里程计费。StasAuto 在布莱梅市公共交通系统的 25 个车站设置了小汽车出租点，在这些车站乘客可以实现公交车与出租小汽车的无缝换乘。

通过媒体及公交车上的广告和宣传小册子，“公交 + 小汽车”联通卡发放量很大。在该项目实施两个月以后，StadAuto 增加了 150 名持联通卡的新会员，会员数增长了 14%。

4 "推动策略"——经济措施的应用

大量的交通经济措施可以改善交通系统的运行效率，包括服务价格改革、道路设施管理收费等(表4–1)。这些经济措施与出行外部成本挂钩,很好地提高了资源使用效率。同时,措施收益还可用于改进非机动化交通设施，或者替代部分税种。这类措施尽管不受小汽车使用者的欢迎，实施难度大，影响因素多，但对交通系统的改善作用非常明显。因此，为确保经济措施的顺利实施，必须明确其收益的用途，如用于科研或基础设施建设等。

TDM中的经济措施 **表4–1**

推动及拉动措施	相关经济工具	具体措施
限制机动车保有量	机动车购买/保有/报废的税费	机动车年费 注册费/税 转让税/费 报废税/费
	机动车总量控制或车牌限制	拍卖制度竞拍新车牌照 车辆所有许可证制度
抑制机动车的使用 鼓励使用公共交通或非机动化方式	机动车使用税/费	燃油税 燃油开采附加费
	道路或基础设施使用税/费 限制进入市中心或特别区域	停车费 城市通行费 道路使用费 过桥费 区域收费 拥堵收费
	公共交通或多方式交通补助	公交票价补贴 公交建设与运营补贴 公共交通税费减免 停车换乘模式
鼓励低排放技术应用与创新	机动车购买/保有/报废的税费 机动车使用税费 道路或基础设施使用税费	根据排放区分不同税率 碳/能源税 排放收费 基于排放的附加费 低排放车辆/技术的补贴或退税

表4–2依据是否能够反映小汽车边际成本，将常规车辆收费措施进行了排序。其中随时间和地点变化的收费方式最为经济、有效。例如，在拥堵时段驾车出行或在地价较高的中心城区停车时，应支付更多的费用。基于行驶里程的收费政策和燃油税能够反映车辆使用强度，但是无法反映时间或地点的变化。车辆保险费、注册费作为面向小汽车所有者征收的一种固定费用，由于没有考虑小汽车的使用情况，并不是有效的收费方式。固定收费通常是变相降低了开车较多者的用车成本，实质是鼓励人们尽量多地使用小汽车。

不同收费方式对小汽车边际成本的反映程度　　表 4–2

效果排序	总体分类	举例
最优	随时间、地点变化的道路和停车收费	可变道路收费、针对具体地点的停车管理、针对具体地点的污染收费
次优	行驶里程收费	重量－距离收费、基于里程的车辆险、按比例分摊的机动车消费税、基于里程的污染收费
中间	燃油收费	燃油税、一般燃油销售税、开采石油保险费、碳排放税、有害物质税
差	固定车辆费	目前采用的机动车消费税、机动车购置税和机动车所有税
最差	外部成本（不对小汽车使用者收费）	用于支付道路和交通服务的一般性税收、停车补助、无偿的外部成本

案例 20　经济措施收益的用途[①]

TDM 措施收益的主要来源包括：

停车费；

燃油附加税；

牌照税；

商务场所许可证；

终端费。

如何使用这些收益往往会引发争议，这就需要在政策实施前明确收益用途。通常，政府会建立特定项目基金，用于特定项目，或者建立信托基金，用于资助某一类项目。

特定项目资金：将收益拨给某个特定项目。

信托基金：收益只能用于资助满足一系列特定标准的项目。

资助的项目如下：

车辆更新（报废老旧车辆、压缩天然气公交车）；

资助非机动化交通基础设施改进；

资助公众教育；

环境信托基金（如墨西哥城的信托基金只能用于资助可持续交通发展类的项目）。

为取得实施效果，经济措施应遵循：

（1）取消对私人小汽车使用者的补贴（明补或暗补）；

（2）支持可持续交通模式；

（3）在本地的战略规划中建立新的收入来源；

（4）为居民出行提供高效、公平且高可达性的交通服务。

定价策略的有效实施取决于：[②]

（1）执行、监管、控制能力；

（2）出行需求的价格和收入弹性；

① 资料来源：Manfred Breithaupt, 2008 年。

② 摘自 Breithaupt, 2008 年。

（3）去除"不良"补贴（如对柴油的补贴）；

（4）战略性补偿（如竞争性报酬）；

（5）宣传活动（如无偿协议、信息传播和公众支持）。

不同的定价改革由不同级别的政府实施（表 4–3）。某些定价策略，如路外停车收费和员工经济激励，可以由私人企业实施。另外，也可实施一些适用于更大范围的市场改革的措施，如规范监管公交公司。[①]

经济合作与发展组织（OECD）所采用的交通经济措施[②] **表 4–3**

措施类型	联邦水平	地方水平
差别化燃油税（鼓励清洁能源）	✓	×
车辆税（购买、使用、报废）	✓	✓
财产税	×	✓
道路使用费（根据尾气排放标准、时间、日期、区域差异采取不同的收费标准）	✓	✓
停车费，停车税	×	✓
对清洁能源或转化技术进行补贴	✓	✓
对报废老旧车辆提供财政激励	✓	✓
鼓励 / 补贴公共交通	✓	✓

许多研究探讨了这些交通经济措施对出行行为的影响：

（1）Todd Litman（2005 年），交通运输弹性：价格与其他因素对出行行为的影响，维多利亚交通政策研究所，http://www.vtip.org/dlasticities.pdf。

（2）Richard H. Pratt（1999 ~ 2007 年），出行者对交通系统改变的反应，TCRP Report95,TRB, http://www.trb.org/TRBNet/ProjectDisplay.asp?ProjectID−1034。

众多研究表明，交通出行"缺乏弹性"，即价格调整不能带来同等程度的出行行为变化。例如，在其他因素（如驾驶人数量和停车收费）不发生改变的情况下，燃料价格上升 10% 会导致机动车出行在短期内减少 1%，长期内减少 2%。这反映了燃料费仅占直接机动车总成本的 1/4。因此，燃料价格上升 10% 仅仅会造成机动车总成本上涨约 2%。但在考虑全部成本的情况下，机动车出行对于价格变化的反应是相对敏感的，在长期内可以被视为"富有弹性"。

应该说机动车出行的弹性取决于多种因素，其中包括价格变动和其他可行选择。通常而言，可选交通方式越多，出行对价格变动就越敏感。例如，如果步行环境和公共交通服务的质量很差或不安全，道路使用费、燃油价格或停车费的增加所造成的机动车出行降低幅度会比较小；但如果步行环境和公共交通服务安全、便捷、舒适，则出行者对于价格变动的反应就会比较明显。

---

① 实施的具体内容参见可持续交通原始资料分册 1d：经济工具。

② 资料来源：Manfred Breithaupt, 2008 年。

4.1 控制小汽车增长速度

在发展中国家，尽管小汽车仍属于奢侈品，但是其保有量的增长还是相当迅速。机动车消费税、关税、注册税（或费）可以影响居民购车数量和类型。此外，配额制度也可以起到限制机动车保有量的作用。这部分内容将在 4.1.3 小节中详细论述。

4.1.1 销售税 / 进口关税

为了保护国产汽车利益，很多国家会对进口汽车施加关税。销售税对所有购买的机动车均适用，其应用范围更广。在某种条件下，节能车型的税费减免政策可以促进车型结构的改变，并加速高污染的老旧车型退出市场，进而起到保护环境的目的。

尽管这些方法的出发点通常不是抑制车辆购买，但如果税费标准制定得足够高，它们可以成为非常有效的 TDM 措施。在发展中国家，税收政策应用非常广泛，如表 4–4 中所介绍的中国多阶段机动车税收政策。

中国的多层次机动车税费 **表 4–4**

种类	税 / 费	税率
机动车购买	关税 消费税 增值税 车辆购置税	 3% ～ 5% 17% 10%
机动车保有	新车检验费 车牌照费 车辆使用税	 60 ～ 320 元人民币 / 年（8.70 ～ 46.80 美元）
机动车使用	保险费 养路费 消费税	110 ～ 320 元人民币 / 月（16 ～ 46.80 美元） 3% ～ 20%（根据发动机功率大小确定）

4.1.2 按年缴纳的注册费 / 养路费

在发达国家，小汽车所有者需要每年或每半年缴纳一定的费用来补充养路基金。费用的多少可以取决于发动机功率大小，并以此来鼓励人们驾驶节能车型（表 4–5）。在美国，这种费用被称为注册费，其收费标准为 30 ～ 50 美元 / 年，通常通过在车牌照上粘贴标志来执行。在欧洲国家，除了本国居民的“道路使用费”之外，其他国家居民如果需要使用国道，还需要按年、月、星期、日期等不同级别缴费。

德国乘用车的税收政策[①] **表 4–5**

尾气排放标准	汽油车（欧元 /100ccm）	柴油车（欧元 /100ccm）
欧 3、欧 4 和“3 L 小汽车”	6.75	15.44
欧 2	7.36	16.5
欧 1	15.13	27.35
欧 0（过去没有臭氧限制）	21.07	33.29
其他乘用车	25.36	37.58

① 根据 Manfred Breithaupt （2008 年）《环保汽车税：全球经验》改编，在“以可持续城市发展为目的的综合交通国际交流会”中报告（2008 年 12 月 15 ～ 17 日）。

新加坡的道路使用费根据发动机功率大小、燃油类型以及机动车类型（小汽车、摩托车等）的不同而有所区别，以此来鼓励使用环保车辆。1000cc发动机型号的小汽车每年需要缴纳600美元，而4000cc的发动机型号的小汽车则需要缴纳超过6000美元的费用。柴油车的费用是同类汽油车的7倍。

案例21　香港用来改善空气质量的税收激励机制①

香港于2007年4月实施税收激励机制用以促进公众使用低排放、低油耗的环保汽油车从而改善香港的空气质量。环保型新车的首次注册费（FRT）将享受7折优惠，优惠上限为50000港币（6452美元）。

环保汽车必须满足如下标准：

碳氢化合物与氮氧化物的排放量比传统车型低50%；

每100km油耗须比传统欧4汽油车低40%。

考虑到科技进步的影响，环境保护部门（EPD）每年对该标准进行修订。②

4.1.3　机动车配额制度

新加坡通过实施车辆配额制度来限制每年可以销售和注册的汽车数量。这个系统定期拍卖一定数量的许可证，得到许可证的居民可购买和注册一辆机动车。在新加坡经济不断发展繁荣的背景下，这种TDM措施在限制私人机动车增长方面发挥了巨大作用。

新加坡的机动车配额制：

新加坡的机动车配额制（VQS）于1990年5月开始实施。为改善交通运行效率，新加坡政府采取了一系列措施来限制机动车保有量增长，VQS是其中的重要内容。在VQS系统下，机动车被分为不同类别，每一类别均被赋予不同的配额，其中类别A、B和D的许可证不能转让。

土地运输局（LTA）每年确定各类别车辆的配额。为注册一辆新车，有购车意向的居民必须通过竞拍获取许可证，官方称之为认购权（Certificate of Entitlement），认购权拍卖会每月举行两次。配额溢价（QP）代表了认购权的价格，由每一类别车辆中最高的不成功叫价再加上1美元构成。也就是说，如果在某两个星期中某一特定类别车型配额为250辆，那么QP即为报价排在251位的价格再加上1美元，这也就是叫价排在第1至第250位的竞拍者所需要支付的价格。成功拍得认购权的竞拍者需要在3个月（对类别C和E）或6个月（对A、B、D三类）内注册机动车，认购权在10年内有效。10年之后，机动车必须注销或更新认购权，价格为当前配额溢价（PQP），即3个月QP的移动平均值。

每年5月到下一年4月为一个配额周期。在2008年的配额周期，最初认购权总配额被设定为115946，但在2008年10月降至110354。2009年的配额周期内，总配额被限制为83789。这个数字的前提是将机动车年增幅控制在1.5%以内，即它是根据2008年12月

---

① 根据Manfred Breithaupt（2008年）《环保汽车税：全球经验》改编，在"以可持续城市发展为目的的综合交通国际交流会"中报告（2008年12月15～17日）。

② 最新版本可在EPD的网站获得，http://www.epd.gov.hk/epd。

31 日机动车保有量的 1.5% 与 2009 年汽车预估注销量之间的差值的替换以及上一年对注销车辆估计的偏差计算出来的。

认购权公开拍卖系统每年均在网上进行，使用者可以实时监控价格并通过电话或计算机来修改自己的报价。报价反映了个人愿为某类别车认购权支付的最高额度。在配额制下中标后，费用会直接从竞标人的账户中转出。认购权有效期为 10 年。10 年之后，机动车必须注销或更新认购权，价格为当前配额溢价（PQP），即 3 个月 QP 的移动平均值。1999 年，最小的汽车（小于 1000cc）支付的平均溢价为 27367 美元，而最大汽车支付的价格为 30566 美元。

2009 年 2 月进行的第二次认购权年度公开竞拍结果显示在表 4–6 中。这次投标总额度为 4415 辆机动车。小汽车和发动机小于 1600cc 的出租车是最受欢迎的类别，1846 个配额吸引了 2722 个投标人，最终价格为 4460 美元。类别 E 是开放式类别，它允许所有类型的机动车注册，其成交价也最高，达到 5889 美元。而 A 类别的机动车 PQP 为 4516 美元。

土地运输局（LTA）共收到了 6957 个投标，其中 4383 人中标，而 2574 人被拒绝。

2009 年 2 月新加坡第二次配额拍卖结果[①] **表 4–6**

类别		配额	QP（美元）	PQP（美元）
A	（小于 1600cc）的小汽车和出租车	1846	4460	4516
B	小汽车（大于 1600cc）	1101	4889	3004
C	货车和公交车	272	4190	3733
D	摩托车	434	801	928
E	开放	762	5889	NA

类别		收到	成功	不成功	未使用
A	（小于 1600cc）的小汽车和出租车	2722	1842	880	4
B	小汽车（大于 1600cc）	1675	1090	585	11
C	货车和公交车	403	271	132	1
D	摩托车	650	434	216	0
E	开放	1507	746	761	16

4.2 减少汽车使用

多种经济措施能够影响小汽车使用强度并提高小汽车乘载率。前者通过用车边际费用向小汽车使用者提供价格信号，也就是说，开车越多，需支付的费用越多。这些费用包括燃油税、道路使用费和停车费。

4.2.1 燃油税

如图 4–1 所示，很多国家都设有小汽车燃油税，它既可作为普通型税收也可等同于道路使用费。燃油税收通常被用于交通运输领域，有时还被严格规定只能在路网建设中使用。

① 资料来源：土地运输局（http://www.onemotoring.com.sg），Gopinath Menon （2009 年）。

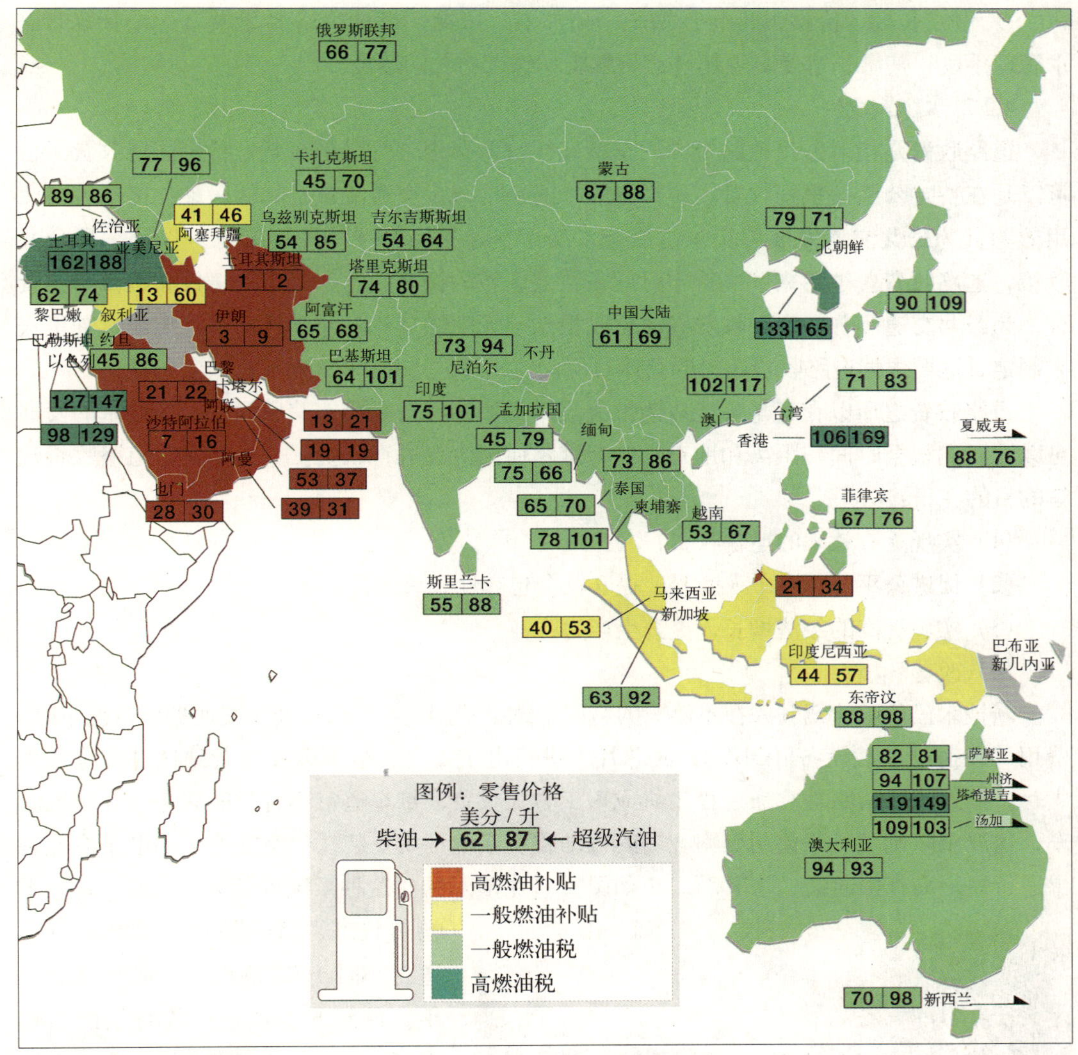

图 4-1　地区燃油价格比较[①]

燃油税可由国家、州 / 省或地方政府收取。例如，美国的联邦汽油税和柴油税分别为 0.048 美元 /L 和 0.064 美元 /L，这种税收被用于所有地面交通设施，从快速路到公交专用道、自行车专用道和步行便道。36 个州政府额外征收的燃油税（0.07 美元 /L）被限制于公路建设。不过，过低的美国州燃油税率显然不满足出行管理的需要，实际上其收取目的也不是为了出行管理。

欧洲的政府部门将燃油税作为减少汽车使用的方法之一，因此其税率水平也相对较高。例如，在德国，驾驶人所需支付的汽油税为 0.81 美元 /L，柴油税为 0.58 美元 /L。

OECD 的研究经验表明，汽油价格改变需要较长的反应时间（短期弹性为 −0.05 ~

① 资料来源：Armin Wagner （2008 年），《将燃油税作为一种经济工具解决气候变化问题》，Bangkok 报告，2008 年 11 月 14 日 http://www.gtz.de/de/dokumente/gtz2008-en-fuel-taxation.pdf。

−0.1）。但在长期，价格弹性将会增长一倍左右。因此，燃油价格要想成为一种有效的需求管理手段，其增长速度必须超过通货膨胀和收入增长的速度。①

4.2.2　道路收费

道路收费是指对占用道路资源的车辆直接收取费用，可以是在某一特定区域收费，也可以是在特定公路按里程收费。该措施的目的包括减少交通流量、降低污染、提高道路使用效率，为公共交通发展筹集一定资金，缓解交通拥堵造成的环境影响。作为一项公共政策，道路收费曾被用来解决特定时间或特定区域的拥堵问题，为道路建设和维修筹集资金，为公共交通改善融资。收费标准可以根据一天中的具体时间、机动车类型或行驶里程来制定，这要依据道路收费政策的具体目标而定。

道路收费之所以在近年来能成为解决道路拥堵的可行手段，其原因在于新技术的发展可以让我们根据时间、距离和地点来针对道路使用情况进行收费。一般而言，道路收费政策的目的在于：

（1）实现更有效率的运输收费；

（2）促进公平，尊重个人隐私，提升社会包容性和可达行；

（3）实现更高的经济增长，提升生产力；

（4）改善环境。

新技术已能够让驾驶人在不停车的情况下缴纳费用。当机动车处于交通拥堵情况下时，费用可以通过车载设备（OBUs）或芯片卡进行电子支付，也可以在缴费站通过传统方式支付。旧式收费公路往往通过投币机或人工方式收费，每车道每小时只能服务 300 辆机动车，这严重限制了道路使用效率。新的自动收费系统利用安装在架空支架上的电子应答装置进行短距离直接通信（DSRC）。正如图 4−2 中展示的，这种系统可以保证交通一直处于畅通状态，将道路容量提升至每车道每小时 1600 辆机动车或更高的水平。最新的卫星定位收费系统能够在任何地方、任何时间对道路使用或停车进行收费，根本上消除了对传统收费站的依赖。

图 4−2　自动收费系统

4.2.2.1　民营收费公路

燃油税收是为新建公路、桥梁和公共交通设施融资的传统税收方式。燃油税由道路使用者支付，故也可称之为一种道路收费形式。历史上，燃油税也常被用于公路和桥梁维修养护融资。但是，在很多发

① 如需了解全球燃油价格，请访问 http://www.gtz.de/en/themen/umwelt-infrastruktur/transport/10285.htm。GTZ 每半年会对全球燃油价格进行一次调查，最近的一次全面报告将于 2009 年 4 月发布（此外该机构每月还会发布通信手册，你可以在其网站上注册索取）。

达国家，年久失修的道路和桥梁所需要的维修费用已经大大超过了燃油税所能支撑的范围，因此需要引入新的融资机制。特别是在那些出于政治因素考虑燃油税制定过低的地区，仅一项燃油税已经不足以支付道路和公共交通改善所需要的资金。

收取过路费可以产生一定收益用来支付主要基础设施建设工程所欠债务，同时也使得道路使用者持续地为道路建设支付费用。这就避免了交通投资的“蛋生鸡、鸡生蛋”的问题——如果我们没有收益就无法投资，但如果不投资就无法产生收益。收费水平是根据预测的交通量和偿债期限来计算的。机动车通常根据在收费公路上行驶的距离缴费，或者是每过一次收费站就收取一次费用。

最近出现的一种新形式是政府将收费的权利转卖给第三运营方，即特许权获得者，由第三方负责必要的维护与基本运营。这种形式的公私合营在法国、西班牙、马来西亚和其他国家有着广泛应用，在这些国家，国有公路系统为几家地区性特许经营商所有，并负责运营。

某些收费系统被设计为对公共交通进行交叉补贴。例如，在挪威很多城市都设有中心区收费圈，当机动车进入这一区域时就会被收取一定费用。奥斯陆的选民通过了设立中心区收费圈并将其收入补贴特定项目的决议，这些补贴项目包括道路改善、延伸中心区轨道线以及重置轨道线路使其与中央车站连接等。收费收入中的大约一半被用于道路工程，20% 被用于公共交通设施改善。每天大约有 250000 辆机动车会支付道路使用费，其中大部分为居住在中心区之外的约占奥斯陆总人口 50% 的那部分居民。机动车驾驶人在支付费用的时候非常清楚其支付原因，这也在很大程度上提升了道路收费的公众接受度。收费水平是根据工程建设所欠债务以及 15 年的维修运营费用计算出来的。

很多欧洲国家利用自动收费系统对使用国家公路系统的车辆收费。例如，德国对重型货车（如超过 12t 的货车）使用其长度为 12000km 的干线道路就会收取一定的费用。为此还特别发明了基于卫星定位系统的新技术。自 2003 年以来，收费系统使用全球定位系统和车载设备对货车每公里收取 0.12 欧元的费用，而对那些老旧的高污染车辆则会加收 50% 的费用。收费系统的运营是公私合营性质的，一系列德国公司组成财团来负责运营的不同方面，其中就包括德国电信和西门子公司。整个系统要处理来自 500000 个车载系统的 100 万次交易。在 2006 年，道路收费总收益为 26 亿欧元，大部分被用于道路维护。收费系统对较清洁的车辆收取较低的费用，进而导致低排放货车的注册上升了 10%。道路收费也迫使运输业经营者提升其效率和生产力。由此导致的优化效应的表现之一即为“空载出行”，即货车在返回的途中不再载货的情况较以前降低了 20%。

同样针对卡车的道路收费系统在瑞士和澳大利亚也都存在。荷兰正准备成为第一个针对所有机动车和所有道路实行收费的国家。第一个阶段准备在 2009 年实施，同时还将实行机动车税收减免措施。

道路收费受到的批评主要是它对那些支付能力最低或除了开车没有其他选择的人群产生了不成比例的影响。例如，低收入的服务业人员其工作地点附近可能没有相应的公共交通系统服务，或者其上班的时间不能享受公共交通系统服务。道路收费系统的均一收费制度可能此时所起到的作用类似于累退的税收，也就是说，这些费用更多地落在了贫困驾驶人身上而不是富裕驾驶人身上。经济学家通常将其称之为分配公平——最有效的税收不一定是最公平的。在设计新的收费系统的时候，我们需要考虑到这种公平性，但是随着人们对新的价格模式的适应，这种最初的影响会逐渐消退，而人们也会通过调整自己的行为来使其出行成本最小化。我们可以通过按照预期的时间框架逐步地引入新的价格机制来帮助人们顺利度过调整适应的过程。

根本上，道路收费是否累退取决于低收入驾驶人使用收费公路的强度，其他出行方式的质量，以及道路收费收入的使用。收费制度可以通过为低收入家庭提供折扣或为其提供一定量的免费通行次数来达到更加累进的效果。地方政府应该在设计道路收费机制的时候考虑到其影响的不对称性。如表 4–7 所示的那样，公众接受程度取决于受益与受损双方的相对大小。

道路收费的赢家与输家[①] **表 4–7**

直接获益者	直接受损者
乘公交车者和搭便车的人由于拥堵的降低和规模效应而享受了更好的服务 相比道路收费的成本，更加看重出行时间节约的富裕的机动车驾驶人 道路收费收益的接受者	低收入的机动车驾驶人虽然对时间的节约并不那么看重，但仍必须支付道路使用费，因为他们没有其他出行方式可供选择 那些使用不收费道路的驾驶人感受到了更大的拥堵 由于收费而选择放弃出行的机动车驾驶人 为了避免费用而绕行其他线路的机动车驾驶人 由于收费而转向其他交通模式的机动车驾驶人（尽管规模效应导致的服务水平提高使一些人从中获益）

4.2.2.2　拥堵收费

道路使用费和拥堵收费均是对驾驶人的道路使用收费。但是，二者根本的不同在于拥堵收费是针对减少交通拥堵特别指定的交通管理措施。收费公路的运营商希望见到公路使用的增加，因为这将带来更大的收益并相应地改变其收费率。其主要目标是为道路维护提供资金。拥堵收费的运营商则对道路使用情况不关心，反而希望其收费能减少道路使用，因此道路价格的变化是由使用减少程度来决定的。

拥堵收费是指在拥堵条件下收取更高的费用以降低交通量至最优水平的道路收费方式。理想情况下，收费系统应随时间和地点而改变（图 4–3），例如，在最拥堵的时间应收取最高的费用，并且每 15min 调整一次，为出行者从最高峰转向非高峰时期提供一定的激励。

拥堵收费需要考虑的一点是它会使小汽车进入市中心的成本很高，进而阻碍人们的购物并妨碍零售业的发展。但是在短期内却有证据表明相反的情况正在发生：由于购物环境的提高，商场吸引了更多的顾客，销售量是在上升的。但是，长期效应却很难进行预测。新加坡的经验表明，如果拥堵收费在全天都执行的话，对于商业会产生负面影响，但是对零售业的负面影响可由公共交通服务水平的提高而得到部分抵消。

① 资料来源：Gomez-Lbanez, 1992 年。

经济学家预测进入城市地区成本的提升将会产生两种效果。收入效应是机动车驾驶人由于需要支付拥堵费用而减少了其购买其他商品的可支配收入。替代效应指机动车驾驶人会选择在收费区以外的地方购物，进而导致经济活动的重新分布。市中心商业区长期的生存能力在很大程度上取决于新的商业区能否在城市边缘附近得到发展。而这又取决于地区规划的质量以及坚持增长管理计划的政治决心。同时它还取决于当地拥堵收费制度是否被纳入国家道路收费系统中。

图 4–3　斯德哥尔摩的拥堵收费，根据高峰需求的不同收取的费用也不同

目前有几种特定方式来实施拥堵收费：

（1）环路：当车辆通过警戒区进入市中心之后就需要支付一定的费用，这通常在高峰期使用；

（2）区域通行证：机动车可以购买在某一天进入中心区域的许可证；

（3）通道：当机动车使用某些特定的道路、路线、隧道或桥梁时，需要支付一定的费用；

（4）网络：当机动车使用整个公路网络或部分网络时，需要按照行驶的里程支付一定的费用。

表 4–8 总结了欧洲通常施行的拥堵收费政策。拥堵收费制度的设计必须保证驾驶人无法逃避收费。最通常的设计是设定环路，也就是说，在需要降低拥堵水平的区域划定一个圆环，当机动车驶入这个区域的时候就会被收取一定费用。限制进入收费区域的某些物理特征也通常需要被纳入到收费政策中。例如，斯德哥尔摩市的限制边界是围绕市中心区域的河流，当机动车通过桥梁进入这一区域时，就必须缴纳一定费用。驾驶人可以通过不同的方式支付费用，而收费制度的执行方式是由照相机监控进入拥堵收费区域的机动车牌照。与其他道路收费制度不同，拥堵收费仅仅在出现拥堵的高峰时段才产生效力。

拥堵收费制度的设计与技术支持水平可谓千差万别。最基本的支付系统为设立在收费亭中的收费装置，机动车必须停靠进行支付。先进一些的系统则允许经常开车的人安装车载装置，这种装置可以与设立在道路边的装置进行电子交换。这种系统也被称为标记和灯塔系统。机动车必须降低速度来支付，但并不需要停车，这就节约了驾驶人部分时间，而且这种装置由于需要的人员不多，故其运营费用也很低。这种系统在欧洲很多国家使用，如法国、西班牙、葡萄牙、意大利和德国（图 4–4）。

拥堵收费系统的类型① 表 4–8

	环形区域	区域许可证	走廊	网络
描述	所有在高峰期进入警戒线区域内市中心的车辆均要缴纳同样的费用	特定时间在中心城区行驶的车辆均需要每天缴纳一定费用	使用收费公路、桥梁或地道的所有机动车均缴纳相同的费用。在某些情况下，收取的费用会根据高峰期的使用情况作相应动态调整	在路网上行驶的每一公里机动车均需要支付一定费用。费用水平会根据车型、排放等级、占道情况和（或）高峰期的使用而有所不同
目标	在特定区域减少交通拥堵	在特定区域减少交通拥堵	减少走廊上的拥堵（同时为特定的公路或桥梁融资）	降低拥堵、提升效率（同时为交通基础设施建设筹资）
技术	DSRC，收费站和（或）可识别车牌照的照相机	可识别车牌照的照相机	收费站和（或）与车载相配套的标志与灯塔系统	车载系统以及 GPS
融资	公共财政	公共财政	公共以及私人部门	公共以及私人部门
运营	公共运营	公共运营	公共运营或特许	特许
收益的使用	道路和公共交通的改善和（或）其他公共项目	公共交通改善	公路改善	公路、轨道和公共交通设施的改善
使用此种系统的城市	卑尔根、达拉莫、佛罗伦萨、克里斯蒂安桑、纳姆索斯、奥斯陆、罗马、新加坡、斯塔万格、斯德哥尔摩、滕斯贝格、特罗姆瑟、特隆赫姆、瓦莱塔	伦敦	捷克共和国、英国、法国、希腊、意大利、葡萄牙、西班牙	澳大利亚、德国（高速公路上行驶的货车）、瑞士（所有公路上的货车） 计划中：荷兰

图 4–4　道路上方的探测头控制斯德哥尔摩市的拥堵收费

① 资料来源：从 2007 年交通与环境中摘录。

新加坡于1975年成为了第一个引入拥堵收费制度的国家。收费区域设计为环形，称之为区域许可证制度。在环形区域内的城中心区称之为限制区域，收费采用的是技术含量很低的纸质许可证。这种制度被很快证明在减少机动车拥堵上是非常有效的，使交通模式向公共交通方向转变。在1998年，这个系统被修正为全自动收费，采用了最新的电子道路收费系统，所有的机动车均装载了车载系统。当机动车从收费上方的控制系统经过时，系统直接从智能卡中划走拥堵费用（图4–5、图4–6）。

图4–5 新加坡的电子道路收费系统（ERP）可以自动从车载系统的智能卡上扣除费用
（Manfred Breithaupt, Singapore，2003年）

图4–6 短距离无线电通信系统被用于从智能卡上自动扣除道路使用费过程
（Manfred Breithaupt, Singapore, 2003年）

最新型的道路收费系统为网络收费机制，这是一种能够针对整个路网的道路使用情况进行收费的全面的系统。网络收费将道路使用视为与其他公共基础设施的消费一样，如水或电。网络收费与上面所描述的理想中的道路收费制度是类似的，道路使用的价格随着建造和维护成本、污染与噪声成本以及道路空间需求较高时对其他驾驶人造成延误的成本而变动。因此道路使用者可以直接获知其出行对整个社会产生的成本，并且能够根据这个成本对其出行进行调整。

案例 22　伦敦的拥堵收费

在 2003 年 2 月，伦敦市长 Ken Livingston 为了解决中心城区交通拥堵的问题采用了拥堵收费制度。在伦敦中心城区，小汽车出行中 50% 的时间为拥堵等待时间，由此造成的经济损失每周约为 200 ~ 400 万英镑。拥堵收费旨在减少私家车的使用，降低拥堵水平，并为公共交通发展积累资金。拥堵收费政策成功地实现了这 3 个目标。

拥堵收费政策的效果是快速而显著的。在实行该政策的前两天，交通量下降了 25%，小汽车出行时耗也减少了 50%。与此同时，政府新增了 300 辆运营巴士。尽管通勤出行中公交分担率已经很高，拥堵收费政策实施后，公交分担率有了进一步的提高。

到目前为止，伦敦是世界上实施拥堵收费的最大城市（图 4–7），采用单一费率，即只要机动车驶入收费区，无论何时进入，进入时间长短，均收取相同的费用，由伦敦市交

图 4–7　伦敦中心区拥堵收费①

① 资料来源：伦敦交通委员会，2008 年。

通局和一家私人运营商共同负责执行。最初，收费范围是伦敦东部的商业区，2007 年 2 月扩大到市区西部的住宅区，收费总面积约 8 万 mi^2（$1mi^2=2.58999\times10^6m^2$）。收费时段为早 7 点至晚 6 点，费率为 8 英镑（最初为 5 英镑）。收费区设有监控系统，不缴纳拥堵费的机动车将处以罚款。

一直以来，拥堵收费的效果都非常稳定。2003 年，伦敦交通局对收费半年来的总体效果进行了评估，发现进入中心区域的小汽车比前一年减少了 60000 辆。其中 50% ~ 60% 的人转向了公共交通系统，20% ~ 30% 的人选择避免进入中心区，其余的人则选择拼车，减少出行次数，在不收费的时间段出行，或使用摩托车、自行车等交通工具，平均出行时耗缩短了约 15%。2006 年，拥堵水平与无拥堵收费政策时相比下降 26%，拥堵水平和出行时耗与 2003 年持平。

案例 23　斯德哥尔摩的拥堵收费

瑞典的斯德哥尔摩市在短期试点完成之后，于 2007 年正式实施拥堵收费政策。面对交通拥堵导致的经济下降以及生活质量恶化，斯德哥尔摩市当局认识到仅靠提高交通供给，如修建环路或扩大公共交通供给，不仅成本极高且缓解拥堵的效果甚微。他们认为：交通拥堵是大城市所特有的现象且无法通过修建道路或改善公共交通的方式得到改善。

实施拥堵收费政策主要有 4 个目的：高峰时段进入中心城区的机动车数量减少 10% ~ 15%，提高斯德哥尔摩市最繁忙道路的可达性，减少机动车温室气体和污染气体的排放，显著提高城市街区的宜居性。

斯德哥尔摩市于 2005 年 7 月开始试行拥堵收费政策，与此同时提高了公交供给水平，包括新增公交线路、缩短轨道发车间隔、引入停车换乘服务等。2006 年 1 月 3 日至 7 月 31 日为"向小汽车收取拥堵费"的试行期，在此期间高峰时段交通量下降了 22%，下降比例超出了预测值。非收费道路和环路上的交通流量仅增长了 4% ~ 5%。收费区域减少的 8 万小汽车出行人次中，一半以上是通勤出行，这 4 万人次转向了公共交通工具，使得公交客运量增长了 6%。

拥堵收费大大提高了斯德哥尔摩市中心城区的可达性，出行时间大幅下降，特别是连接中心城区和城郊的道路延误时间在早高峰时段缩短了三分之一，平峰时段缩短了二分之一。出行效率的提高带来了经济效益每年约 6 亿瑞典克朗（2300 万美元）。商务车、公交车和公司汽车驾驶人也从中获得巨大的收益。

中心城区机动车流量减少使得空气质量明显改善，二氧化碳排放减少了 14%。此外，公共健康、交通安全和城市环境也有显著的改善。民意调查显示，由于居民切身体会到拥堵收费政策带来的良好社会效益，公众支持度有着显著的提高。2005 年秋天进行的调查表明，公众对这项政策持负面态度，其中 51% 的受访者认为拥堵收费是"非常糟糕的政策"。到 2006 年 5 月，只有 42% 的受访者仍然坚持原先的看法，而 54% 的人则认为拥堵收费的政策"非常不错"。

拥堵收费的试行证明，仅靠改善公交服务水平是很难缓解交通拥堵的。在拥堵收费试行之前的半年中，公交服务水平已显著提高，这就使得交通规划师能够准确地把握拥堵收费带来的效果。他们认为 22% 的机动车流量下降，仅有 0.1% 是由于公交服务水平提高带来的，而使流量下降的最主要原因是费用。正是由于拥堵收费的实施，公交客流量才会提高 4.5%。

2006 年 9 月 17 日，公民就是否在斯德哥尔摩市推行拥堵收费政策举行了全民公投。参与投票的公民为斯德哥尔摩市区居民和其周边 14 个地区的居民。76% 的居民参与了此次公投，53% 的斯德哥尔摩市区居民支持该政策，但却在周边地区遭到反对，因此需要国会作出最终决定。2007 年 6 月，国会进行了投票，最终决定永久实施拥堵收费政策。这项政策自 2007 年 8 月 1 日起开始生效。

收费区域如图 4–8 所示，机动车进入收费区域时会收取一定费用。收费时间为早高峰和晚高峰之间，根据具体的时段收取不同的费用，收费标准为 10 ~ 20 瑞典克朗，由号牌识别系统（ANPR）实施监督。

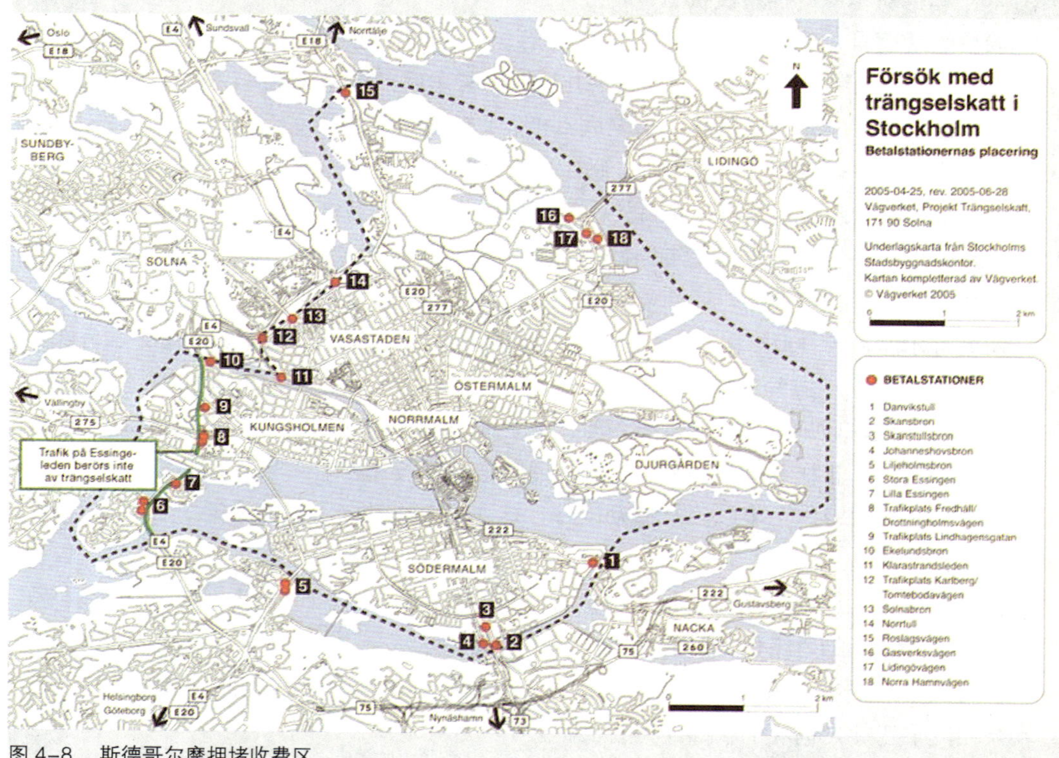

图 4–8　斯德哥尔摩拥堵收费区

案例 24　斯德哥尔摩拥堵收费的交通影响 ①

除了机动车交通量降低了 25% 外，高峰时段拥堵水平也下降了 22%。公共交通客运量和零售业销售量分别提高了 8% 和 10%。拥堵收费不仅没有给商业带来负面影响，反而由于商业活动的增加，使公交客运量增加 4 万人次 / 天（图 4–9）(Michele Dix, 2006 年)。

① 资料来源：Manfred Breithaupt （2008 年）“环保汽车税：全球经验”，可持续发展城市的综合交通体系国际研讨会（2008 年 12 月 15 ~ 17 日）。

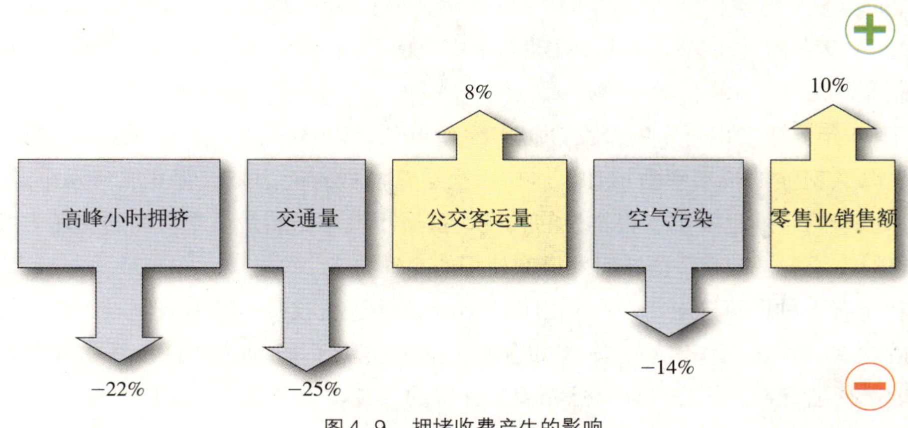

图 4-9　拥堵收费产生的影响

案例 25　新加坡的拥堵收费①

新加坡的拥堵收费制度是世界上最早的交通收费制度，其目的是通过向机动车收取一定的费用来缓解拥堵时段和地段的交通拥堵状况。收取的费用将纳入公共服务的联合基金。城市道路和城市轨道交通建设项目必须达到一定经济标准才能使用联合基金。

1975 年 6 月实施的区域许可证制度是最早的拥堵收费制度。收费区域是新加坡交通最拥堵的地区，面积为 $720hm^2$。收费区的 33 个入口处都设有提示牌，告知驾驶人“前方收费”。小汽车和出租车如要在工作日及周六 7：30 ～ 10：15 分之间进入收费区域，需出示区域许可证。这些许可证既按日出售（2.20 美元）也按月出售（43 美元），必须放在挡风玻璃清晰可见的位置上。许可证根据形状和颜色进行区分。驾驶人可以在邮局、便利店、加油站和许可证专售点购买，但不能在收费口购买。

乘有 4 人（包括驾驶人）的小汽车和出租车可以不用购买许可证。在进入点附近有警察，他们会检查车辆是否持有区域许可证。违章机动车不会被拦截，但是其车牌号会被记录下来，之后车主会收到 50 美元的罚单。大多数收费口都为不想进入收费区域的车辆提供了“退路”。在限制区域内没有部署任何警力，车辆可以在限制区内任意穿行或驶离限制区。

从 1975 年到 1998 年（区域许可证被电子道路收费系统取代），区域许可证制度有三个里程碑：

（1）1975 年 6 月，区域许可证仅仅对小汽车和出租车有效，但是对其他车辆以及合乘并不限制。

（2）1989 年 6 月，区域许可证制度扩展到了晚间（16：30 ～ 19：00），此时所有车辆均受到限制（除了公共保障用车以及应急车辆之外）。

（3）1994 年 1 月，区域许可证制度全天有效（7：30 ～ 17：00），而且针对高峰小时和非高峰小时分别收费。

这些年来，收费区域的面积不断扩大，许可证的价格也在逐渐上升。从 1975 年至 1998 年，城市面积扩大了 30%，就业率和商业活动强度也在不断上升。机动车保有量从

① 资料来源：A P G Menon 和 Chin Kian Keong 针对区域许可证和 ERP 的一系列报告（1992 ～ 2004 年）。

1974 年的 276866 辆增长至 1997 年的 677818 辆，增长率为 245%。但是城市交通运行状况却明显好于 1975 年，在工作日城市机动车平均速度可以达到 26 ~ 36km/h，而在实行区域许可证制度前仅仅为 15 ~ 20km/h。

在 1975 年，通勤出行中的公交分担率约为 46%，1998 年达到了 67%。与此同时，社会各界对公共交通的资助不断增加，这样公交运营商就有能力来改善其服务水平。此外，公众对小汽车的态度也发生了根本性的转变，虽然小汽车仍然是很受欢迎的交通方式，但是公共交通也成为了公众广泛认可和愿意使用的交通方式。

最初只有一种许可证对小汽车和出租车在早高峰进行收费。随着限制时间的增长、限制车型的增多，由于不同时段、车型的费率不同，出现了 14 种许可证。经常开车的人可以轻松地选择适合自己的许可证，然而偶尔开车的人在购买许可证时往往难以抉择。

购买许可证之后，驾驶人可以无限次地出入收费区域。这与拥堵收费的初衷是不一致的，拥堵收费本身是想针对特定时间、地点进行收费。最公平的方式是驾驶人每经过一次收费区域都需要缴纳费用。

因此，1989 年电子收费系统出现时，人们想到了用自动收费代替许可证，这是电子收费系统兴起的原因。

1998 年使用的 ERP 系统是使用 2.5GHz 波段的短距离无线电通信系统。这个系统包括三个组件：

（1）车载系统，智能缴费卡（智能卡可插入车载系统的端口中）；

（2）在收费口设置电子收费装置；

（3）配有监控员的监控中心。

车载系统约便携式电子词典那么大，安装在机动车挡风玻璃上（摩托车安装在把手右下方），由机动车蓄电池供电。在车载系统的数据库中，车载端口编号与注册机动车台架号是一一对应的。车载系统设有端口，可以插入智能缴费卡。智能缴费卡由当地各个银行负责发行和管理。缴费卡可以重复使用 2 ~ 3 年，每次在加油站或自动充值机处充值的金额上限为 500 美元。

车载系统的显示器是背光的液晶显示屏幕。插入缴费卡，屏幕上可以显示机动车在收费口处被扣除的费用和卡中余额。电子显示持续时间为 10s。当机动车驶入距收费口 10m 之内的区域时，电子收费装置就会与车载系统发生交互作用，确定其合法性，判断机动车类型并记录机动车驶入的时间；当机动车驶出收费区域时，该处的收费装置将根据机动车驶入处收费装置上提供的信息从缴费卡中扣除相应的费用，这时车载系统的显示屏上将显示扣除金额 10s。相关的收费记录将传送到监控中心。

如果收费没有顺利地完成，收费口处的摄像机会记录机动车牌号，并标志为“无现金卡”，这个信息也会被传送到当地控制中心。当地控制中心会定期将所有电子收费交易数据和违规机动车照片传送到总控制中心。

正确交易的电子收费记录会在每天晚上传送到地方银行，银行根据记录支付当天电子收费系统收取的全部金额。交易失败的机动车照片会被保存 6 个月，如果驾驶人对罚款额出现异议，这些照片将成为证据。

电子收费系统应用在拥堵收费中是相当可靠的，而且在缓解特定区域的拥堵方面是非常成功的。

小汽车的需求价格弹性通常在 −0.12 ～ −0.35 之间波动，而摩托车的弹性波动区间则为 −0.7 ～ −2.8。摩托车驾驶人似乎对价格改变更加敏感，而小汽车驾驶人似乎对价格改变不那么敏感。这种敏感度的差异是由于小汽车使用者的收入较高造成的。

4.2.3　低排放区

限制小汽车通行的 TDM 政策往往与其他政策目标紧密相关，如减少机动车污染排放和提高其他使用者的使用路权。例如，在欧洲城市中就设立了低排放区处，这个区域只有那些满足低排放标准的车辆可以进入或者在高峰期禁止所有小汽车驶入。除了鼓励公共交通的使用和鼓励人们选择非机动车模式进入低排放区外，环境质量的提高以及噪声水平的下降都使得这个区域对居民和外来出行者更加有吸引力。商铺的所有者，虽然最初对这种限制措施忧心忡忡，但是随后却发现步行人口的增加对于销售是有好处的。

低排放区通常设置在历史城市的中心地带。例如，在博洛尼亚，城市领导者就决定在历史中心——教堂广场设置步行区，限制附近地区的交通量。货运机动车只允许在早上和下午的特定时间进入这个区域。在周日，机动车在 9：30 ～ 12 点以及 15：30 ～ 18：30 之间被禁止驶入 "Zona a Trafco Limitato"，这个区域几乎覆盖了整个市中心，其大小约为 $80hm^2$。

某些城市则实行了大范围低排放区制度。例如，从 2008 年开始，伦敦对那些行驶在中心区的高污染的货车以及没有达到欧 3 排放标准的公交车每天收取 200 英镑（350 美元）的罚款。这个系统每年可以获得 1 亿美元的收益，这大概是设立摄像机监控装置与收费系统的初始费用的 4 倍。

案例 26　德国的低排放区①

排放区不能被认为是一种税收，它是对排污车辆的一种限制措施。在德国，低排放区通常是禁止那些高污染机动车通行的。机动车在三个阶段被禁止驶入中心区，并且必须出示许可标志。

低排放区是一种限制高排放车辆的政策，而不是税收。在德国，高排放车辆禁止驶入低排放区。进入城市中心区的机动车必须出示环保许可证，并根据机动车排放标准制定了三种不同的限制策略（图 4–10）。

在柏林，低排放区政策的实施分为两个阶段：

阶段 1，2008 年 1 月起生效：

机动车（货车和客车）必须达到国家二级排放标准。因此，只有那些贴有红色、黄色或绿色环保标志的机动车才可以驶入限制区域。

阶段 2，2010 年 1 月生效：

① 资料来源：Manfred Breithaupt （2008 年）"环保汽车税：全球经验"，可持续发展城市的综合交通体系国际研讨会（2008 年 12 月 15 ～ 17 日）。

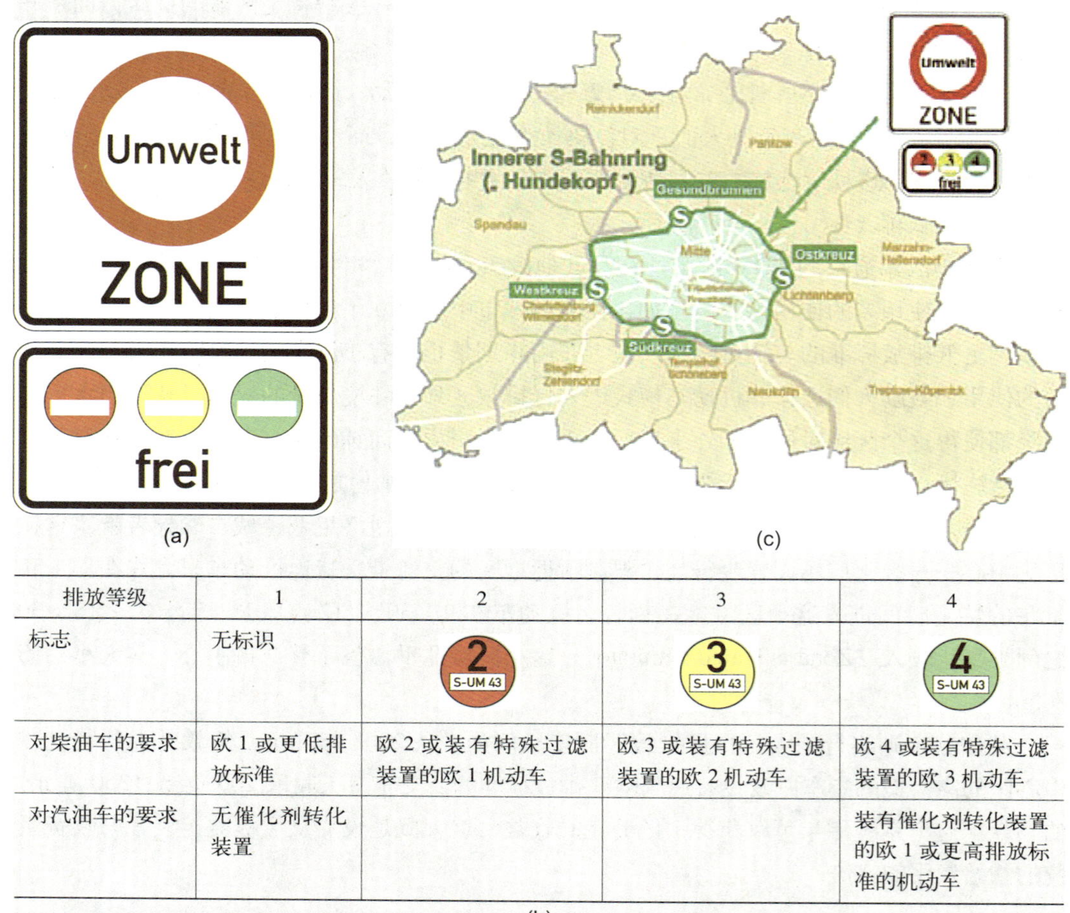

排放等级	1	2	3	4
标志	无标识	2 S-UM 43	3 S-UM 43	4 S-UM 43
对柴油车的要求	欧 1 或更低排放标准	欧 2 或装有特殊过滤装置的欧 1 机动车	欧 3 或装有特殊过滤装置的欧 2 机动车	欧 4 或装有特殊过滤装置的欧 3 机动车
对汽油车的要求	无催化剂转化装置			装有催化剂转化装置的欧 1 或更高排放标准的机动车

(b)

柏林、汉诺威和科隆在 2008 年 1 月最先实施低排放区限行政策。随后德国的其他城市也陆续实行该政策。根据欧洲机动车排放标准，机动车被分为 4 类。

图 4–10　德国低排放区相关标识①

只有达到国家四级排放标准，即拥有绿色环保标志的机动车才可以在低排放区行驶。

警车、消防车、严重残疾人运输车、救护车、清洁车、摩托车、小型摩托车不限行。

罚款：无环保标志的机动车驶入限行区将处以 40 欧元的罚款，并在驾驶证上扣除 1 分。

欧洲 8 个国家 70 个城市已经引入或准备引入低排放区限行政策来提高其中心城区的环境质量。

其主要目的是提高环境质量和保护居民身体健康。道路交通悬浮颗粒物和二氧化氮的主要来源。悬浮颗粒物的排放将会增加呼吸系统、心血管系统疾病和肺癌的患病率。在很多城市的中心城区，其含量往往会超过空气质量标准的上限。

① 资料来源：http://www.lowemissionzones.eu/content/view/45/61。

案例 27　意大利米兰的低排放区收费政策（Eco Pass）[①]

2008 年 2 月，米兰市开始试行为期一年的“低排放区收费”政策。凡进入米兰市限制区域的机动车均要根据其尾气排放量进行收费。限制区共有 43 个入口（图 4–11），照相机会在入口处记录车辆牌号和其排放等级，并从车辆所有者的账户上收取费用。限制时间为周一至周五的 7：30 ～ 19：30。

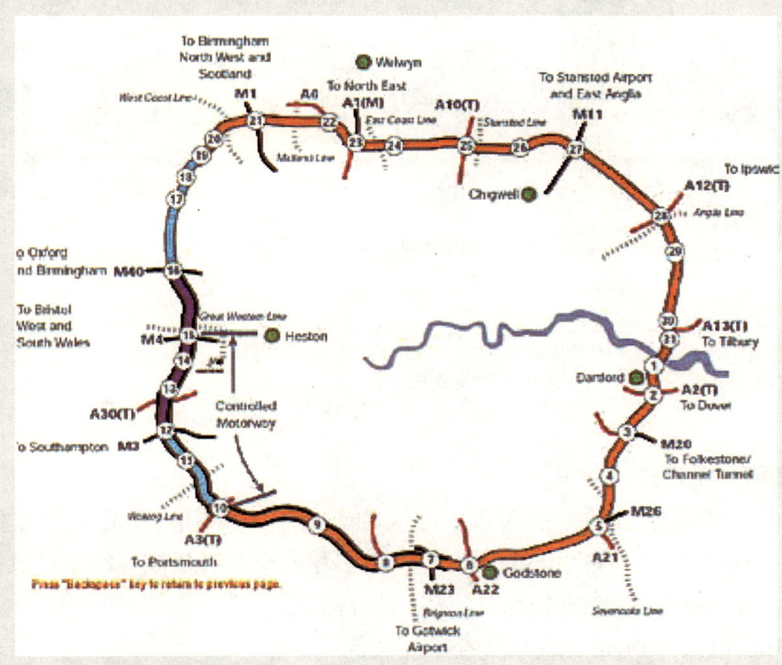

图 4–11　米兰低排放区划分

收费依据包括欧洲机动车排放标准、燃油类型、是否配有颗粒物过滤装置以及出行类别（个人或货物）。使用替代能源（如液化石油气、压缩天然气、电池）的车辆、欧 3 标准及以上的汽油小汽车、货车和欧 4 标准及以上的柴油小汽车、货车均不收取费用。最高收费为每天 10 欧元（12.52 美元）。经常使用者或居住在限行区内的居民可以选择有效期为 50 天的多次通行卡或借记卡，这样可以得到价格上的优惠。（注：50 天有效期是指进入限行区的日子记为一天，没有进入限行区的日子不计入 50 天内，这 50 天不是连续意义上的 50 天。）

如果在当晚午夜前没有支付费用或支付的费用与车辆的排放等级不相符，则会处以一定的罚款（无须缴纳费用的车辆除外），罚款金额从 70 欧元（89 美元）至 275 欧元（349 美元）不等。

以下几种类型的车辆不需要支付费用：

（1）摩托车；

① 资料来源：Manfred Breithaupt （2008 年）“环保汽车税：全球经验”，可持续发展城市的综合交通体系国际研讨会（2008 年 12 月 15 ～ 17 日）。

（2）搭载残疾人和（或）拥有残疾人乘客标志的车辆。

交通影响：

自从引入这个制度以后，在米兰中心区的交通量显著下降（19.2%），交通速度显著提升（11.3%）。此外，值得注意的是，公共交通客运量提高了 9.7%（图 4–12）。

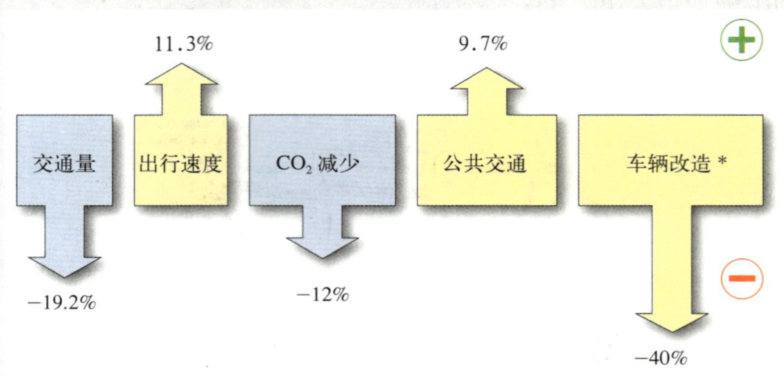

图 4–12 低排放区收费政策的影响
注：* 代表污染最严重的机动车的比例降低。

案例 28 上海限制重污染机动车①

上海市禁止重污染机动车驶入市中心区的制度于 2006 年 10 月 1 日开始实施。在 7：00 ～ 20：00 之间进入市中心的小汽车、货车和公交车必须满足欧 1 排放标准。该政策实施初期，有 350000 辆机动车达不到欧 1 排放标准。

（1）内环路以内 110km² 的区域为受限区域；

（2）机动车驾驶人必须申请环保标志（免费）来证明其机动车是符合标准的；

（3）违规者将被处以 200 元人民币（25 美元）的罚款，驾驶安全记录中将被扣 2 分（违规记录超过 12 分的驾驶人将被吊销驾驶证）。

4.2.4 停车收费

尽管在 5.2.3 小节将会详细讨论停车管理战略，但是一些停车需求管理方法旨在改变停车收费的价格。在影响停车需求的众多因素中，价格因素可能是最容易被忽视的。大多数的停车场都是免费停车的，尽管修建和运营并非免费。有关停车收费的进一步细节，请查阅德国技术合作公司 2009 年 5 月出版的停车管理相关章节（http://www.sutp.org）。

“混乱的主要原因是我们的社会没有形成一种理念：停车位是应该市场化运作，还是作为一项社会服务。”②

许多发达国家把停车作为一项社会服务，在城区提供充足和免费的停车位。商店、雇主和开发商提供免费停车服务被认为是理所当然的，这就意味着出行时不用考虑停车问题。大量的停车位会鼓励小汽车的过度使用，最终会加重空气污染的交通拥堵。

停车政策改革正在进行。相关规划和管理部门开始意识到免费停车阻碍了城市生活质

① 资料来源：2005 年 12 月《中国日报》。
② G. J. Roth，《付费停车》，1965 年。

量的提高、加重了住宅负担。当许多城市转向把提高停车管理水平作为促进结构调整、公共交通快速发展的战略时，就会修改过时的停车政策。城市正在从以供给为导向向以需求管理为导向的政策转移。停车收费的新政策见表 4–9：

停车政策变更 **表 4–9**

	老政策	新政策
停车被认为是	公共事业	商品
需求假设	不变的 / 无弹性的	柔性的 / 有弹性的
供给	总是增长的	根据需求来管理
政府规章	设置最低值，没有标准	无 / 设置最大值
最高定价	效用型	实用性
增加营业额的方式	限制时间	定价
成本	与服务捆绑	对用户透明

路边停车位的供应一旦确定就会相对固定，不会随着需求的增加而增加。大多数城市的路边停车场收费很低廉甚至是免费的。这就导致了路边空间利用的低效率，特别是有些车辆可能在某个地方停上一天，而别的车辆一直在找车位停车。在城市街道中这种"搜索交通量"的比例非常高，在某些城市甚至高达 74%（Shoup，2005 年）。

实行弹性收费是确保最需要的人获得停车位的政策性解决方法（图 4–13、图 4–14）。小时价格可根据需求来定，这样可以使 15% 的停车位得到循环利用（Shoup，2005 年）。

图 4–13　路侧太阳能电子停车收费咪表
[Karin Rossmark, Brasov（RO）, 2004 年]

图 4–14　新加坡的停车收费信息牌
（Arl Fjellstrom, Singapore, 2002 年）

4.2.5 车辆区域限行

限制小汽车进入的政策和法规，通过限制停车位，关闭某些街道，禁止小汽车在某地区或者高峰期通行来限制小汽车（图 4–15）。当然无车区也在渐渐地流行起来，也有无车日（一年一次或者定期，如每个周日，像波哥大、里约热内卢（马路巴卡巴纳）和雅加达等几个典型的例子）。共享空间的概念促使人们减少对机动车出行的依赖并使所有的交通出行方式站在同一起跑线上[①]。这些方式一般成本不高，但是执行起来有争议。

图 4–15　西安的小汽车限行区

案例 29　停车收费

城市和区域政府可以通过对停车泊位收税进行有效的停车管理。这样可促使企业减少停车泊位供给，鼓励上班族选用其他交通方式。

车位收费针对所有非住宅停车泊位。

该政策的优点为：

（1）易于实施和管理；

（2）鼓励缩减停车位；

（3）税收可以应用于发展公共交通。

应用案例：

（1）悉尼，每年每个车位 615 美元，每年税收获益 3100 万美元；

（2）佩思，每年城市增收 820 万美元，减少 6000 多个车位。

4.2.6 汽车尾号限行

在某些情况下，汽车车牌限行是另一项具有可操作性的 TDM 政策，即将车牌的某种特征（尾号、颜色等）作为分类依据，在一周的某几天，限制某类车辆在特定区域的道路

① 细节请查阅德国计划署 3e 模块：无车化的发展。

上行驶，从而在短期内迅速减少小汽车使用量。目前许多城市已开始实行不同强度的车牌限行措施，其中大部分是针对某类车型、某个区域或某个时间段的限行，也有少数城市采取了全日限行措施（图 4–16）。对于限行措施的长期效果，人们普遍认为单纯的车牌限行并不是一个理想的长效措施，因为它并不能控制上路车辆绝对量的增长。表 4–10 对比了车牌号限行措施之一——“单双号限行”措施的优缺点。

单双号限行的优缺点①　　**表 4–10**

优点	缺点
作为政府交通拥堵和空气污染治理方案的一部分，易被大众接受	实施效果随小汽车保有量的增长而递减
见效快，能够在短期内明显降低交通流量	难以有效禁止或惩处车牌造假等欺骗行为
在长期的解决方案如公共交通改善或中心区拥堵收费还未正式实行之前，提供临时的解决方案	如果出租车不在限行之内，出租车的出行就会增加
实施比预期的要容易些	效果容易被不受限行车辆所削弱
在短期内，提高了基于公共交通道路的运输性能	增加家庭小汽车拥有数量是避免限行政策的一种方法，但是高峰出行时段的有限限制可以削弱这种影响

图 4–16 可能被尾号限行的小汽车 [Carlosfelipe Pardo, Bangkok （TH）, 2006 年]

案例 30　小汽车尾号限行②

为保证尾号限行政策的效果，限制二手车买卖的机制应该和尾号限行同时实施，否则尾号限行就是鼓励二手车买卖：

（1）只在高峰时段限行；

（2）每天限行四个号码（而不是两个号码）；

① 资料来源：帕尔多，2008 年。

② 资料来源：帕尔多，2008 年。

（3）每个季度或每半年限行更新一次号码组合；

（4）二手车买卖需要挂新牌照。

案例 31　发展中国家尾号限行的案例

墨西哥城在每周的工作日实施尾号限行禁止小汽车通过联邦区域，周一是尾号为“1”和“5”的小汽车，周二是“2”和“6”，依此类推。

波哥大实行的限行政策是从早晨 7：00 ～ 9 ：00 到晚上 17：30 ～ 19：30 按照指定的号牌限行，40% 的私人小汽车被限制驶入市区。

智利圣地亚哥市只在空气污染达到“紧急”程度时才实行限行政策。除公交、出租车和救护车外，所有机动车在早高峰和晚高峰都禁止在城市中心区和 6 条主要城乡连接公路上行驶。

圣保罗的限行措施是 20% 的机动车（周一是尾号“1”和“2”，依此类推）在工作日的早 7：00 ～ 8：00 和晚上的 17：00 ～ 20：00 禁止驶入中心区（内环以内，直径 15km）。

马尼拉的限行政策是在高峰时段按照车牌号限制部分机动车在主干道上行驶。

新加坡实行的是非高峰期车牌号限行政策，它是新加坡 TDM 政策方案的组成部分。该政策规定：红色车牌的普通小汽车只允许在夜间和周末通行，如工作日的 18：00 ～ 7：00，周六 15：00 以后和整个周日及节假日。这项政策使驾驶人节省了汽车登记和公路税开支，减少了小汽车的使用。2005 年，新加坡非高峰时期上路小汽车只占总数的 2%。

4.2.7　员工的出行管理

企业可以采取多种措施以鼓励员工高效出行，尤其是减少高峰时期的交通流量。这些措施又被称为通勤出行管理（CTR），主要包括：

（1）通勤经济激励措施（现金支付停车费、交通津贴——转换交通方式的员工可获得等同于停车费的补贴）；

（2）车辆共享组合（帮助员工组织拼车）；

（3）停车管理和停车收费；

（4）减少高峰期出行和允许员工拼车，协调出行日程的备选方案（弹性上班制和压缩工作周）；

（5）远程办公（允许员工在家办公，使用通信设备替代人员出行等）；

（6）鼓励使用其他交通方式的 TDM 营销；

（7）保证员工骑车、乘车回家（假如员工的上下班回家乘坐的交通工具不是小汽车）；

（8）鼓励步行和骑自行车；

（9）步行和自行车设施的改进；

（10）自行车停放点和改进设施；

（11）鼓励公交出行；

（12）配备交通指南——简要介绍步行、骑自行车及乘坐公共交通工具上班的路线和方法；

（13）工作地点便捷性，如靠近幼儿园、饭馆、商店，减少开车出行需求；

(14) 公司旅费报销政策——不仅报销汽车费，也应报销自行车和公交费；班车——提供单位班车，员工的车只用来商务出行；

(15) 允许员工调换到离家更近的工作地点（适用于雇主有多个办公地点的情况，如银行或其他大型机构）；

(16) 特殊事件的交通管理——在购物高峰时期、公路建设工程或紧急事件时为员工提供特殊的交通服务；

(17) 工作地点的可达性。

通勤出行管理政策必须要能满足员工多样和多变的需求。如果给予适当的支持和鼓励，许多员工会使用替代交通工具，如拼车上下班、远程工作、两到三天弹性工作以及一年部分时间骑自行车上下班等。

案例 32　鹿特丹医院允许员工用停车位换现金①

鹿特丹伊拉斯谟医学中心的员工大约有 1000 人，2004 年医院进行一项大改革引起了停车泊位的稀缺，为了减少停车需求，医院实行了大量的措施来减少员工开车上下班的人数。

在引入交通需求管理方法之前，医疗中心在员工、来访者和病人中进行了一项机动性调查。结果显示，80% 的来访者和病人都是开车来医院的，45% 的员工是开车上下班，这 45% 的"开车族"中有 60% 是在正常工作时间上下班。700 名员工居住在离医院 5 ~ 6km 之内的区域，但大部分都开车上下班。

医院根据员工的交通需求特性采取了相应的措施，新建停车场的同时，制定了如下停车泊位需求管理措施：

(1) 开车上下班的员工需要交纳停车费，具体情况如下：

①高峰时段开车到达医院的停车价格是 1.5 欧元 / 天（从星期一到星期五，6 : 30 ~ 13 : 00）；

②居住在距医院 5 ~ 6km 之内区域的员工，在高峰时段开车到达医院的停车价格是 4 欧元 / 天（星期一到星期五，6 : 30 ~ 13 : 00）；

③非高峰期开车到达医院 0.5 欧元 / 天；

④独自开车上班的员工不发放交通补贴。

(2) 不开车上班的员工享受 0.1 欧元 /km 的交通补贴；一年中给予 12 次高峰时段开车到达医院的员工停车价格优惠（1.5 欧元 / 天）。

所有停车措施都发布在医院的局域网上，此外医院还提供"停车管理"和"员工交通补贴"手册，并提供咨询点答疑。

2006 年的评估显示，该政策成功地减少了停车泊位需求量。开车上下班的员工比例从 2003 年的 45% 下降到 2006 年的 20% ~ 25%。这使得医院不需要新建停车场，就可为来访者和病人提供 700 个停车泊位。

---

① 资料来源：Elke Bossaert，http://www.eltis.org/studies。

4.3 支持性措施

执法力度和公众接受度是 TDM 方案成功实施的关键所在。政府部门应制定有约束力的强制措施，并进行充分的公众宣传活动，帮助社会各界更好地理解并支持 TDM 措施。

4.3.1 执法力度

交通执法人员需要对自行车出行和步行的新条例进行公众教育和培训。由于警力有限，小汽车出行中很多违章行为没有受到执法人员应有的重视，如路边停车、占用非机动车道和步行道等。只有严格执行自行车和行人路权保障措施，才能真正有助于扭转社会“以车为本”的认知，赋予非机动化交通出行合法地位（图 4−17、图 4−18）。

交通规划同样存在执行的困难。修改规划对于地方政府而言是非常容易的事情。为了在地区竞争中获得优势，在短期内取得丰厚回报，政府部门往往无视土地使用规划的约束。由上至下的监督机制通常可以保证区域规划的有效实施。以挪威为例，区域规划出台前必须通过国家环境署审查。

图 4−17 对于成功的 TDM 措施来说，严格执法必不可少

图 4−18 保障步行者通行的禁止停车带

4.3.2 公众认可度

获得公众认可是引导类 TDM 措施，特别是“拉动策略”获得成功的重要环节。因此，在一个完整的 TDM 实施方案中应包括公共宣传教育。特别是涉及“道路收费”这样的经济措施时，公共宣传教育活动能够让公众更加全面地了解收费的社会效益，更加理性地接受这一措施。“拉动策略”中，增加公交投资这类重要措施同样需要获得公众的广泛支持才能出台。

公共交通服务同样面临像其他商品所面临的挑战，了解商品的人越多，购买的人也越多。对新的交通服务进行一定程度的推广宣传可在一定程度上提高人们选择这种交通方式的可能性。应为新的使用者提供多种渠道，来了解线路与价格的相关信息，如网络、地图、标志、电话热线和告示牌等。

公众推广活动能够提升公众对 TDM 措施的了解程度，提高公众的接受度。地方政府可在这些活动中分发地图及提供其他信息，为自行车和公共交通出行提供建议，获得群众对提案的反馈意见。例如，全球多个城市正在广泛进行的一项公共活动——无车日。在无车日当天，城市的所有街道均不允许小汽车行驶，而人们可以选择步行、自行车、慢跑、轮滑和自平衡两轮车等。这种活动往往成为一种休闲和社交活动，人们可以以一种不同的方式感受这个城市，享受片刻宁静以及清新空气（图 4–19、图 4–20）。2000 年 2 月 24 日，波哥大市组织了一次规模最大的无车日活动，整个城市从早 6：30 ~ 19：30 都不允许私人小汽车行驶。

图 4–19　苏黎世的无车日，孩子们在街道上玩耍、涂鸦

图 4–20　苏黎世的无车日活动，儿童使用街道来涂鸦和玩耍

案例 33 波哥大举办世界上规模最大的无车日活动①

哥伦比亚的波哥大市最初将无车日设定为 2000 年 2 月 24 日，由一家国际环境组织机构（Mayor Enrique Pe alosa and The Commons）负责组织该项活动。这是发展中国家第一次设立无车日活动。这项活动非常成功并且受到了人们的欢迎，因此主办方也获得了斯德哥尔摩挑战奖。下面的内容来自于市长日志：

“这可以称之为波哥大市民的伟大成功。一个有着 700 万居民的城市没有小汽车也可以正常运转。这种经验让我们意识到了今后 10 ～ 15 年间城市交通系统的发展方向：出色的公共交通系统和无小汽车的高峰时段。

最重要的是，今天我们所表现出的团结一致性。我们有信心建设可持续发展的城市。调查表明，87% 的市民都同意无车日的设立，89% 的市民认为现有交通设施可以满足无车日的出行需求，92% 的市民称他们所在的办公室、学校或大学没有出现缺席情况，88% 的市民认为他们希望增加一天无车日。

现在我们需要全体市民投票决定波哥大市 2015 年规划目标，即 6 ：00 ～ 9 ：00，14 ：00 ～ 19 ：30 之间限制小汽车行驶，城市应向着全面公交化和自行车化发展。

案例 34 巴伐利亚的“自行车上班”日②

德国巴伐利亚州每年都会举办“骑车上班”活动来鼓励人们骑自行车上班。参加的公司数量从 2002 年的 900 家增加到了 2005 年的 4400 家，骑车上班的雇员从 10000 名增加到了 50000 名。

该活动有如下几个目的：使人们从小汽车转向自行车，评估自行车的基础设施，提高公众健康水平。缺乏锻炼是人们超重和患各种呼吸疾病最主要的原因之一。如果人们每天运动 30min 就可以较好地维持体型并降低患病的概率。因此，我们需要将锻炼纳入到日常生活中去，如上下班的时间我们就可以锻炼身体而且还不需要额外的时间。

另一个目标则是影响决策者的思想意识。周围环境的变化与个人行为的变化是同样重要的，人们是否愿意每天进行更多的锻炼取决于必要的基础设施是否完善。因此，这项活动旨在促进外部环境的改善。

该活动的主办方最初是在巴伐利亚的各个公司进行宣传。首先选出各公司的联络员和公司之间的协调员，由他们负责宣传此次活动，并联络有兴趣参与该活动的职员。那些决定参加活动的员工需要组成小组（4 人一组，分组与他们各自上班的方式无关），在事先指定的日期和时间骑车上班。小组全部成员都完成了任务即可以获得奖金。

州政府可以通过调查活动参与者来评价自行车设施的完善程度。参与者需要回答 5 个与其居住区自行车出行环境相关的问题。调查结果可用于评价最适合自行车出行的地区并对该地区进行奖励。巴伐利亚市政当局会被告知比赛的具体结果，比赛结果可以影响政府的短期决策。这项比赛可以让政府对某些问题更加敏感并鼓励他们采取一定的措施。

① 资料来源：Todd Litman 在线 TDM 百科全书改编，http://www.vtpi.org。

② 资料来源：Renate Wiedner，http://www.eltis.org/studies。

5 聪慧式增长和土地利用政策（推动与拉动策略的结合）

“街道空间的分配与管理告诉人们如何出行，而基础设施决定了人们的出行方式。”①

城市规划与设计方面的TDM措施将影响城市未来的发展模式，减少人们对小汽车的依赖。聪慧式增长的土地利用政策通过提高土地密度和混合程度来提高土地利用率，缩短出行距离。聪慧式增长政策为公交导向型城市提供了发展条件，人性化的道路设计原则方便了步行。很多社区需要转变小汽车导向型的土地利用模式，重新设计道路、交叉口，为步行、自行车出行者打造更安全、舒适的出行环境，此外，还可以将预留的停车用地用于房屋建设（图5–1）。

图5–1 与新城发展相融合的高质量非机动车基础设施（Andrea Broaddus，毕尔巴鄂，2007年）

案例35 聪慧式增长和公共交通为导向的土地利用政策资料

（1）CCAP（2005年）尾气排放指南：土地利用和TDM，清洁空气政策中心（http://www.ccap.org/guidebook）。指南提供了各种有关聪慧式增长和机动化管理政策，包括粗略估算交通量和尾气排放量的经验法则。

（2）托德·利特曼（2006年），维多利亚交通政策研究所，聪慧式增长政策改革。www.vtpi.org/smart_growth_reforms.pdf，聪慧式增长 www.vtpi.org/tdm/tdm38.htm。

（3）Anne Vernez Moudon 等（2003年），实现交通效发展的战略和工具：参考手册。

① Michael Replogle，美国交通环保署主任。

华盛顿交通部（http:// www.wsdot.wa.gov），WA—RD574.1 www.wsdot.wa.gov/Research/Reports/500/574.1.htm。

（4）宾夕法尼亚州交通部（2007），交通和土地利用工具：与土地使用和经济发展相关的交通计划指南，宾夕法尼亚州交通部，PUB616（3—07）。ftp://ftp.dot.state.pa.us/public/PubsForms/Publications/PUB%20616.pdf。

（5）SGN（2002 ~ 2004）实现聪慧式增长 II:100 项实施政策，聪慧式增长网（http://www.smartgrowth.org）和国际市 / 县管理协会（http://www.icma.org）。

（6）美国环保局（多年），聪慧式增长政策库，美国环境保护署，http://cfpub.epa.gov/sgpdb/browse.cfm，提供相关政策的信息和数百个案例，以鼓励高效的交通和土地使用模式。

（7）沃德等（2007 年），土地利用和交通运输规划，报告 333，新西兰陆路交通（http://www.landtransport.govt.nz）。http://www.landtransport.govt.nz/research/reports/333.pdf。

5.1 综合土地利用规划

因为没有充分考虑土地利用模式对交通系统的影响，既有的交通增长预测模型技术存在明显的不足。传统的交通和空间规划方法倾向于满足小汽车导向型的城市发展模式，并刺激了小汽车需求的加剧增长。而 TDM 关于土地利用与城市发展方面的措施是引导城市交通需求合理增长的重要工具。地方政府拥有城市大部分土地的开发管理权，管理范围涉及规范土地分区利用性质、开发密度、停车位供给量及制定街道宽度、步行道和路网连通性等设施配置标准。

5.1.1 区域空间规划

大城市高效增长管理来源于地区发展理念。现代大城市圈通常由过去相对独立的城市组成，这些城市最终转变为共同发展的城市群。城市市域面积持续扩展或蔓延，生成大量的向心交通流。随着多个城郊中心之间交通联系的增长，交通形态日趋复杂。基于以上原因，交通部门非常需要将大城市圈作为一个整体统筹规划，确定未来快速增长的重点规划地区和增加公交供给以缓解道路拥堵的地区。

国、省（自治区）和当地政府都可颁布管理规划。规划通常优先鼓励集约型的增长模式，鼓励城市内部的高密度土地开发而不是侵占绿化空间。为了提高居民生活质量，政府部门也将密切关注快速增长地区的空气及水资源质量，通过规划建设公园、山岭保护区、绿化带、漫滩和滨水区等方法加强环境保护。实践证明，政策的实施效果不仅源于科学的战略规划，同样也取决于规划的落实程度。

案例 36 弗赖堡市数十年的区域空间和交通规划

沃邦案例研究强调，弗赖堡市的全面增长基于紧凑模式、可持续发展原则，避免了低密度的城市蔓延和小汽车导向模式，而这类模式在欧洲随处可见。20 世纪 60 年代弗赖堡市经历了人口和就业的快速增长（人口增长了 23%，就业增长 30%），最终导致私人小汽车的增长。为此，城市计划提高有轨电车利用率并修建新线路，以满足新建社区居民的出行需求，改变交通结构。

以沃邦住宅地开发项目为例，沃邦位于城市南端，为前法国军队驻地，占地 42hm^2，居民 5000 人左右。1997 ~ 2006 年，该地区实施了紧凑式的住宅区规划建设计划，以实现以下战略目标：

（1）显著减少该地区小汽车保有量；

（2）提供居民保障住房；

（3）制定新型的低耗能住房计划。

2003 年建成的轨道新线有效地改善了沃邦地区公共交通的连通性。2006 年，第一条穿过沃邦中心区并与 Merzhauser 地区连接的轻轨线路建成通车。第二条线路也已于 2005 年开工建设，该线路将使沃邦地区连入更大范围内的区域交通网络。

新规划的特点之一是社区参与积极性和主动性的显著提高。工作小组和公开例会都将邀请居民参加。新住户也会通过各种市场推广活动感受积极正面的公共交通文化。这一方法的关键要素是持续不断地向居民传达发展高效公共交通网络理念，同时结合内容广泛的小汽车使用限制措施，以促进城市交通的持续发展。居民可自愿放弃小汽车，加入“无车家庭”活动，并每年向“无车生活联盟”缴纳 3500 欧元的年费。该联盟通过购买土地，将原本计划用于停车设施的土地转变为运动场、体育设施和公园等社区空间。与此对应，有车家庭需要向市政府购买价值 1.7 万欧元的停车位，相当于房屋单位成本的 10%。

“无车生活计划”的实施促使沃邦地区 50% 左右的家庭选择非小汽车方式完成通勤、休闲出行。地方政府希望这项 10 年计划结束之际，沃邦地区无车家庭比例能够达到 75%。

5.1.2 公交导向型发展战略（TOD）

增加公交站点及沿线住宅区和商业区的开发密度是土地利用规划领域最有效的 TDM 措施之一。支持这项计划的系列政策被称为公交导向型发展战略（TOD）。与此相关的土地密度和土地聚集等概念将在案例 37 中深入讨论。

TOD 将公交站点作为地区的商业中心。以站点为圆心，以 20min 步行距离为半径，开发高密度的住宅区。举例来说，TOD 站点可设计为兼具城铁、轻轨、BRT 站点功能的多层商务建筑，该建筑的第一层是百货商场。该站点的周边区域是公寓楼和城市别墅。单体住宅依据抽签结果被安置在距离车站 1 ~ 2km 的区域内，应该说，高密度的开发模式将为高频率的公交服务带来客运量，为步行可达的商铺带来消费者（图 5–2、图 5–3）。

TOD 重要特征①为：

（1）沿公交走廊或公交站点周边开发高密度住宅区和商业区。

（2）土地混合利用模式、商务及住宅建筑的底层设有零售商店。

（3）舒适、便捷的出行环境，特别是可达性很高的公交服务。

（4）各种户型混合搭配，且价格合理，通过步行即可到达公交车站。

（5）在公交站点附近设置多种就业岗位以及系列社会服务，如托儿所、医院等。

（6）研究显示，TOD 模式可提高该区域的房价。一些公交管理部门通过租售开发权，特别是轨道上盖开发权来影响旗下土地的价格。公交管理部门也可以亲自参与轨道上盖开

① 资料来源：TCRP 报告 95

图 5-2　上海城市高密度的土地开发模式 (Armin Wagner，中国上海，2006 年)

图 5-3　东京为公交乘客设置了宽阔的人行横道 [Lloyd Wright (劳埃德 · 赖特),
日本东京 , 2005 年]

发项目，即所谓的“联合开发”。开发权转让产生的收入流可为公共交通系统新的扩张提供资金支持。这类项目被称为“价值增值捕获策略”，即用 TOD 自身产生的增值收益或税收继续提升 TOD 水平与规模。一些城市的重建行动中也会应用 TOD 模式，以期提高小汽车主导地区的公交出行比例。

案例 37　密度与聚集性：两个与 TOD 密切相关的土地利用指标

密度与聚集性是两个略有差异的指标。前者是指区域内人口和就业岗位的数量，后者指区域内的人口就业岗位的混合程度。提高居住区人口密度与提高中心区功能设施聚集水平相比，前者提高可达性的效果并不明显。虽然近郊与远郊的人口密度较低，但学校、商店等公共服务设施的聚集难度小。紧凑的土地开发模式易于人们在一次出行中完成多个出行目的；增加了邻里沟通交流的机会，方便设置公共交通节点（如拼车点和公交车站点等）。

密度是指特定区域的人口与就业岗位数。远郊区人口密度可能不足 1 人 /acre（1acre=4046.856m^2），紧凑型城区的密度则可能超过 20 人 /acre。人口密度较高的地区有利于高效公交系统的发展。聚集度指某一土地形态下各类活动的紧凑程度，通常以步行的可达性来衡量。TDM 措施与高度聚集的土地利用模式相结合，非常有助于减少小汽车出行。如果就业中心附近设有商店、餐馆、托儿所等场所，通勤出行的小汽车比例通常会下降。城区和近远郊区都可以通过单独规划或总体规划实现高聚集度的发展模式，可以是小型建筑物的聚集（餐馆、诊所或零售店），也可以是大型商业中心的聚集。

密度与聚集的规模和形式多种多样。写字楼、校园、购物商场、商业区、小城镇和城市都是“聚集”发展的例子。步行条件良好的聚集型街区 [小于 1mi^2（1mi^2=2.58999×10^6m^2）] 很容易实现出行方式的多样化，良好的步行和公交环境使其被称为城市宜居区、公交或步行模范区。

结合图 5–4 可以更好地理解聚集的含义：

图 5–4（a）显示了一个被公园所包围又彼此相互独立的传统街区发展模式，建筑物之间没有连接路径或步行便道，适宜的交通方式只有小汽车。

图 5–4（b）的建筑物与图（a）相同，但由主要出入口前的步行道聚集在一起。主出入口被设置在步行便道一侧，而不是停车场的后面。这种聚集类型便于实现建筑物之间的停车泊位共享，特别是不同建筑其停车高峰时间不同。写字楼的停车高峰时间为工作日，餐厅的高峰时段在晚上，教堂则在周末早晨。它们可以共享停车位，减少了停车设施需求。甚至可以在节约的土地空间上进一步扩大聚集规模。

图 5–4（c）中，8 个建筑体以公园为中心形成了一个聚集体。随着聚集规模的增加，在规模效应的作用下，步行设施改善、停车泊位共享、公交服务等 TDM 措施的影响都提高了。

图 5–4（d）显示了与公园或校园相融合的 8 体写字楼群。在写字楼之间设置了更加便利和吸引人的步行道，进一步提高了可达性和其他出行方式的可选择性。

（a）彼此独立的写字楼

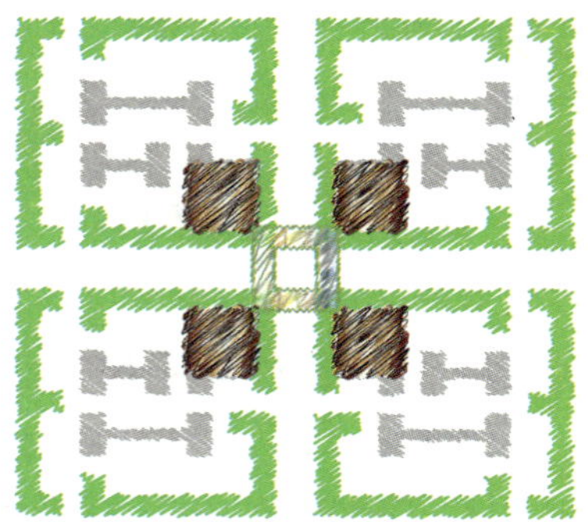

（b）聚集型的写字楼

（c）两座聚集型写字楼与中心开放空间

（d） 8 个部分聚集成的写字楼群

图 5–4　密度与聚集性指标图示①

图 5–5 显示了世界不同城市的人口密度与交通能耗之间的关系。

① 资料来源：托德 · 利特曼（Todd Litman），TDM 在线百科全书，http://www.vtpi.org。

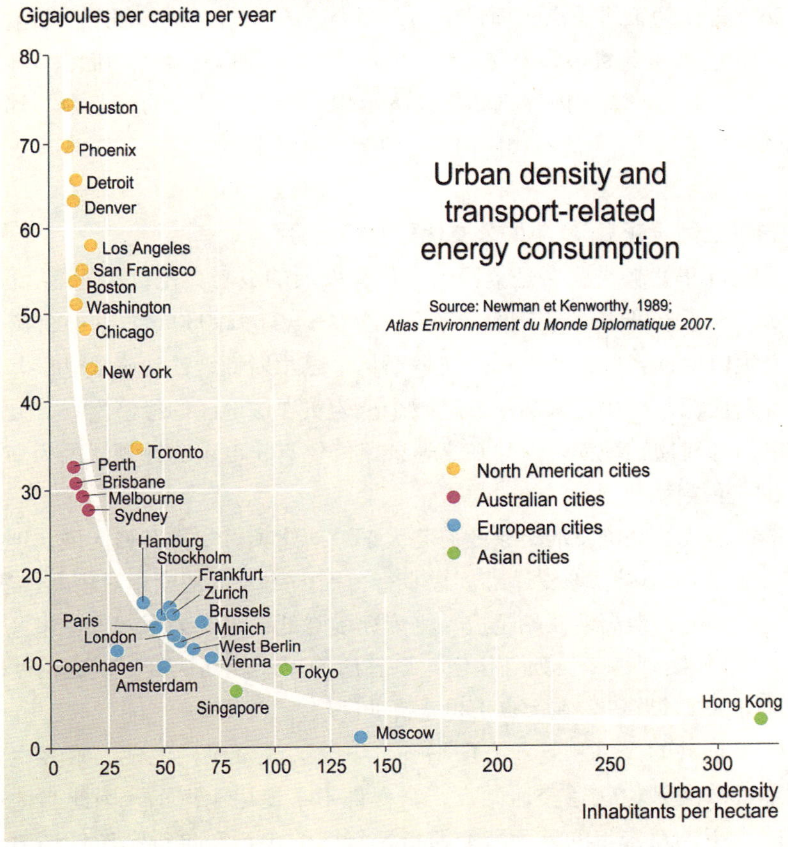

图 5-5　世界不同城市的城市密度与交通能耗（Newmanet Kenworthy，1989 年）

案例 38　奥地利格拉茨市公私合作的 TOD 模式①

2007 年新开业的格拉茨市 Murpark 购物中心是实现空间规划、城市发展和机动化管理良性互动的最佳案例。占地 36000m^2 的购物中心内设商场、写字楼及咖啡馆等休闲场所。所需的 7500 万欧元投资由格拉茨市政府和私营公司通过 PPP 形式（公共部门与私人企业合作模式）获得。这家购物中心不仅直接和高速公路相连，还设有有轨电车及多个地面公交站点。乘坐有轨 4 号线可直达市中心。在格拉茨市上班的人们可以在商业中心附近的停车换乘站转换公共交通方式，相当于支持了格拉茨市的经济发展。

这项工程最初是由一家私营公司提出的。该公司准备扩建旗下的购物中心，但相关规划不符合城市总体规划标准。作为调整区域规划的交换条件，格拉茨市提出与该公司联合实施一项机动化可持续项目。机动化管理是这项工程的核心部分，需要保证该中心可方便获得地面公交和轨道交通服务。此外，作为该项目的一部分，格拉茨市修建了 500 个停车位的停车换乘中心。直接连接购物中心和公共交通系统在格拉茨市尚属首次。

① 资料来源：丹尼尔·堪布（Daniel Kampus）http://www.eltis.org/studies。

为了使PPP融资模式获得成功，该项目从一开始就与可持续机动化发展项目挂钩，将公共交通系统改善作为工作重点。项目中的公私合营方式相当具有创新性。消费者停车一天仅需支付5欧元，并可免费搭乘公交系统。此外，居民还可以选择办理面值39欧元的月票。

Murpark是该市第一家认识到机动化经济影响的商场。一般的商业中心都修建在城市之外的某个“绿色领域”，通常不和任何的公交系统相连接。

案例39　弗吉尼亚阿灵顿县30年的公交优先发展经验①

阿灵顿县毗邻华盛顿特区，是美国公交优先发展的成功典范。最近的20年间，阿灵顿修建了大约1.8万个居住单元以及4600万ft^2（$1ft^2=0.0929030m^2$）的办公商业中心。这种发展模式必须以地铁系统作为支撑。在罗斯林至巴尔斯顿地铁线建成之前，沿线地区陈旧衰败，开发密度低，商业往来活动日趋减少。为实现该地区的经济复兴，县级领导人坚持利用地下空间修建通勤地铁，取代在高速公路修建有轨电车的计划。因为高速公路本身就是商业发展的重要障碍。

为促进地铁沿线的经济发展，县政府将大部分新建项目安排在该区域，地铁沿线和车站周边呈“牛眼”状布局。地铁站点周边步行范围内的人口密度相对较高，基本为20层以上的高层商业住宅；距离地铁站越远，密度逐步降低，主要为中密度住宅区（公寓、复式楼和别墅）；最外圈则是二层独立住宅。调整后的用地规划认可了轨道沿线的新土地开发项目，同时将轨道线路设置在远离历史建筑的区域。

此后，阿灵顿县的人口和就业有所增长，但交通流量保持稳定。乘客主要步行或使用自行车和地面公交到达轨道交通站点，全程都不必使用小汽车，因此当地通勤停车需求远低于一般水平。在密集的地面公交服务、舒适的步行和自行车出行环境、混合土地使用政策的共同作用下，当地居民主要活动地点彼此邻近，最大限度地降低了使用小汽车的必要性。在没有扩大高速路网和增加停车设施的情况下，该县经济快速发展，而且出租车出行比例也很低。轨道交通走廊仅占用了该县7%的土地，却缴纳了50%的税款。与其他地区相比，该地区拥有较低房屋空置率，较高的房屋租赁率和销售价格，公交乘客数增长平稳。混合土地政策有效解决了潮汐交通问题，交通系统没有出现常见的早晚尖峰现象。

5.2　道路优先权和道路设计

路权是大多数城市政府所拥有的最有价值的资源，且道路规划也将对社区属性和交通模式产生重要影响。传统交通规划倾向于将道路空间分配给机动车道和停车场。由于小汽车占用了大量的道路空间，增加了非机动车出行者的事故发生率，使其暴露在噪声和空气污染中。总之，小汽车势必将其他交通方式逐渐“挤出”道路空间。因此，在重新分配道路空间的过程中，应针对具体的交通活动进行调整，将路权赋予具有高附加值的出行活动和社会成本低的高效交通工具。

① 资料来源：阿灵顿的公交导向战略 Hank Dittmar 和 Gloria Ohland，2004年，http://www.co.arlington.va.us。

路权优先将明确地把道路资源分配给出行价值高、出行成本低的那部分出行，有利于提高交通系统的整体效率和支持战略规划目标。案例如下：

（1）车辆限行措施——降低车辆行驶速度或使机动车改道，或在特定时间和区域内禁止小汽车使用。

（2）道路空间再分配——将普通机动车道和停车道设置为高乘载率优先车道（HOV）、自行车道、步行空间，方便公交、合乘和非机动化出行（图 5-6）。

（3）停车管理——在停车制度和收费政策方面给予高价值、低成本出行以优惠，如货车、出租车和拼车等。

（4）道路设计与管理——通常会刺激机动车流量和速度增加，不可持续、降低步行可达性。交通安宁与限速措施有助于提高非机动车出行环境和可达性。

（5）提高公交服务水平——通过公交专用道、信号优先以及其他措施，提高公交车辆速度、舒适度和运营效率。

（6）高效的道路及停车收费——将减少小汽车出行，提高出行方式的可选择性。

在很多情况下，交通资源已经得到了优化。例如，救护车比一般车辆具有优先权，运输车辆拥有最便利的停车空间。大量的资金投入在高速公路修建上，虽然有利于长距离的交通出行，但却导致了人们对汽车的依赖和城市扩张。路权优先可用来支持机动化管理目标，如提高高效出行模式的吸引力，利用道路和停车收费来减少交通拥堵等。

图 5-6 多模式道路设计——有轨电车专用道、机动车道、自行车道和步行道
（Andrea Broaddus，荷兰阿姆斯特丹，2007 年）

路权优先通常用来支持出行优先级。出行优先级鼓励非机动车、高乘载机动车、公共交通工具和服务车辆出行，被称为绿色交通体系（TA，2001 年）（图 5–7、图 5–8）。

图 5–7　自行车优先道提供了舒适、安全的自行车出行环境（Carlosfelipe Pardo，中国北京，2006 年）

图 5–8　上海步行商业街是这座城市的特征符号之一（Karl Fjellstrom，中国上海，2002 年）

最近，博洛尼亚市居民通过投票决定把该市的历史中心区作为“小汽车禁行区”，从早晨 7：00 到晚上 22：00，居民、企业主的车辆和出租车、运输车辆和特殊车辆被允许进入该地区。该系统通过机动车车牌识别系统实施监管。结果，受限时段进入中心区的机动车降低了 62%，但非受限时段的交通问题仍非常突出。

5.2.1　道路空间再分配

道路空间是稀缺且宝贵的资源，政府应对其进行管理，以支持城市战略目标。

应重新分配被小汽车占用的道路和停车空间，将其分配给更加高效的出行方式，如轨道线路、公交车道、高乘载车道（公交车辆、拼车、小型班车、特殊车辆）、自行车道、步行空间和绿化带。这些措施可作为可达性管理（减少交通冲突、整合交通设施、土地规划）、交通限速措施（减少交通速度和流量）和街道美化措施（提高整体设计和美感）中的一部分。“道路瘦身”措施将主要交通干道改造成多种出行方式共同使用的魅力街道，改善道路微循环化和步行环境。

评价新建道路项目社会效益时，是否能够满足各种出行方式的需求是必须考虑的关键因素。新建道路必须配有步行便道，交通流量大的干道上应设置公交专用道和自行车停车场。

5.2.2　连通性

道路的衔接方式对 TDM 的影响很大。当交通量急剧增长时，以往为小汽车设计的道路网络使非机动车的出行环境不断恶化。20 世纪 60 年代以来，道路设计标准将道路系统“等级化”，为不同等级道路制定不同标准，要求居住区街道保持较低的交通流量（如使用断头路使其交通流量较低），将大部分交通量集中至少数干道。但由于车辆行驶路径减少，主要干道上出现了更大的交通拥堵状况。

新的战略重点在于改善道路连通性，通过提供更多可选路径增加拥堵状态下道路网的弹性。比起断头路设计，连通的路网使自行车出行、步行的行驶路径增加，从而增加了部分目的地的可达性，因此，连通路网为土地混合利用提供了良好条件。案例 40 中“完整街道”设计标准更多地考虑到步行、自行车和公共交通出行方式。“完整街道”措施是否有效取决于人的流量而不是车的流量。

案例 40　增强连通性的设计标准

路网的连通性是提高自行车出行和步行可达性的重要因素。道路网规划和支路系统规划可以提高路网连通性。规划应遵循以下标准：采用街道连通性标准，中等规模街区应设置横穿街区的步行道，新建道路应与目的地连接，设计小型街区和较短的街道，采取交通安宁措施而不是限行措施。

典型的道路连通性标准包括以下特点。标准可根据特定的环境调整，如地理条件。

（1）次干路、支路交叉口面积为 300 ~ 400ft^2（1ft^2=0.0929030m^2）；

（2）干路、支路交叉口面积控制在 600ft^2 内；

（3）主干路交叉口面积控制在 1000ft^2 内；

（4）人行道或自行车道之间距离最大不超过 350ft（中等街区道路和步行捷径）；

（5）将红线宽度缩小至 24 ~ 36ft；

（6）街区面积限制在 5 ～ 12acre（1arce=4046.856m^2）之间；

（7）减少断头路数量（如减少为 20%）；

（8）将断头路长度控制在 400ft 之内；

（9）抵制"大院文化"或其他方式的道路使用限制；

（10）新社区与主干路之间需有多种衔接方式；

（11）支持建立路网连通性指标；

（12）采取具体措施支持人行道和自行车道的连接。

案例 41　非机动化交通增加路径选择实例

连通性是指路网的直通性和连接点密度。连通性高的道路网包括大量的短路径、交叉口和少量的断头路。随着路网连通性的增强，出行距离减少、可选路径增加，提高了两地间直通性和拥堵状态下的路网弹性。

图 5-9（a）中的等级道路系统中包含很多断头路，这就使大部分出行都要经过主干路；图 5-9（b）为连通道路系统，该形态的路网使得出行起讫点直通性增强，出行路径增多，方便非机动化出行。

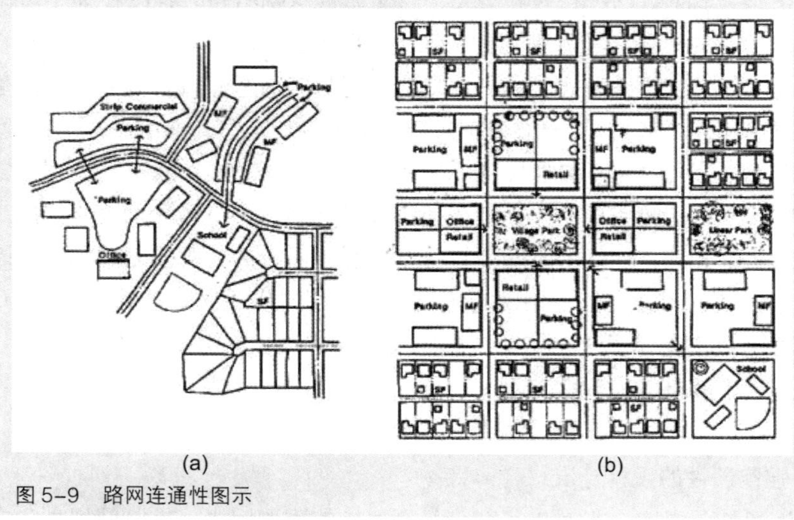

(a)　　(b)

图 5-9　路网连通性图示

5.2.3　停车管理

停车管理是旨在提高停车资源利用效率的 TDM 措施，鼓励人们使用替代出行方式或通过土地集约化发展来实现 TDM 目标。

表 5-1 中列举了本书中涉及的停车管理措施。减少目的地的停车供给可以降低交通流量，缓解拥堵、降低事故发生率，保护环境，减少污染，获得社会效益。

停车管理措施是最有效的 TDM 措施之一。低效的停车管理增加了社会成本、刺激城市扩张、增加机动车出行，使小汽车外部成本增加。停车设施占用大量土地。发展中国家停车空间有限，小汽车占用了公共空间、人行道和自行车道，扰乱了步行、自行车出行秩序，破坏了绿化带。图 5-10 中新德里小汽车保有量的快速增长导致了停车空间需求增加。

停车管理战略　　表 5–1

战略政策	说明	停车需求减少比例	机动车流量是否减少
共用停车场	一处设施为多类人群和建筑物提供服务	10% ~ 30%	
停车管制	保证出行价值高的车辆优先获得服务——社会服务车辆、货车、快递及特殊车辆	10% ~ 30%	
差别化停车标准	根据规划目标，灵活调整停车标准	10% ~ 30%	
停车总量控制	制定停车位上限标准	10% ~ 30%	
郊区停车	在城市边缘提供停车设施	10% ~ 30%	
聪慧式增长	鼓励集约、混合、多模式的土地发展，支持共享停车泊位和其他出行方式	10% ~ 30%	✓
提高现有设备容量	通过利用周边空地、代客停车、停车楼等提高停车设施容量	5% ~ 15%	
停车收费	使用停车设备直接收费	10% ~ 30%	✓
改善收费方法	先进的收费技术，推广方便有效的收费方式	不确定	✓
财税激励	采取各类财税政策引导人们改变出行方式，如停车收费政策等	10% ~ 30%	✓
解除停车泊位捆绑	分开销售或出租住宅配套停车泊位	10% ~ 30%	✓
停车税费改革	通过税收政策改革，实现停车管理目标	5% ~ 15%	✓
加强用户信息服务	通过地图、标志、手册及电子通信等提供停车场的价格及使用信息	5% ~ 15%	✓
加强执法	有效、周到、公平地执行停车法规	不确定	
交通管理协会	建立会员制组织，在特定区域提供交通和停车管理服务	不确定	✓
预备停车场规划	为突发性的停车高峰需求建立应急措施	不确定	
停车需求过剩问题	通过综合管理、严格执法和收费措施解决停车设施供不应求问题	不确定	
停车设施设计运营	改善停车设施设计和运营水平，支持停车管理	不确定	

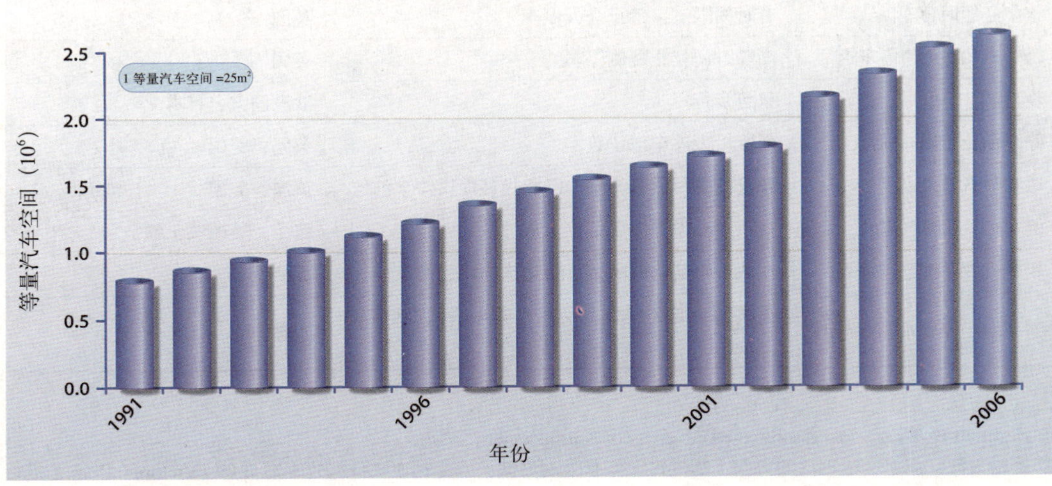

图 5–10　新德里停车空间需求的增长

“停车场吸引小汽车，导致车流量增加。停车需要空间，但街道不能提供停车空间。在过去几十年里没有什么像停靠的汽车这样，如此巨大地改变了传统街景。”①

除了城市形态和公共空间质量，停车政策还影响了交通流量乃至经济发展等众多领域（图 5–11）。最近一项在坦桑尼亚达累斯萨拉姆市进行的研究表明，该市有很多停车泊位未被充分利用，见案例 42。研究发现，如果承包商密切关注未被利用的停车泊位并改变收费利率，路侧停车收入很容易就能增长 3 倍。

表 5–2 列举了世界范围内有效的停车需求管理措施。

图 5–11　新德里巨大的停车需求，部分是由不合理的停车管理引起的

停车管理措施②　　**表 5–2**

停车管理措施	机制特点	实施地
停车收费	对路侧停车收费	全世界
住宅停车区	经许可后只允许居民停车	伦敦、其他英美国家城市
受控停车区	管理停车以保持供需平衡	英国、德国
市中心短时停车	有时间限制，禁止全天停车	英国
公交专用道 / 禁停车道	高峰时间禁止路侧停车	英国
步行区	只可步行	欧洲国家、日本
停车泊位上限标准	新建最大停车泊位数	英国、美国
通勤付费计划	开发商支付通勤补贴，以此代替提供停车泊位	英国、美国
停车泊位上限控制	在市中心设置停车泊位上限	波兰、美国波士顿
新建筑物不配建停车场	在城市中某些地区禁止新建筑物配建停车场	苏黎世
缩减最小停车泊位标准	提供共乘或免费公共交通服务可降低最低停车泊位标准	西雅图

① Hartmutt H. Topp，Professor at the University of Kaiserslautern，德国。

② 资料来源：应对交通拥堵的方法：第二篇，停车限制措施，维多利亚竞争与效率委员会（Victorian Competition and Efficiency Commission），2006 年 4 月。

续表

停车管理措施	机制特点	实施地
最大停车标准、公共交通服务政策组合	高水平的公共交通服务可以减少停车泊位供应	苏黎世、伯尔尼
对道路外的停车泊位征税	每年对商业区的停车泊位征收固定数额的税	悉尼商业中心、悉尼北部商业区
高承载车辆优先	合乘车辆优先停车	美国
长时间停车和暂时停车	长时间停车的收费标准比暂时停车的收费标准高	美国
公共停车场税收	对公共停车场征收停车税	美国
停车换乘	在城市周边公交站点修建换乘停车场	牛津、亚琛、明斯特
商业停车税	对企业停车场征税	澳大利亚、新西兰
工作时间停车泊位换现金措施	企业对员工提供与停车费相当的现金补贴	明尼阿波利斯、剑桥、加利福尼亚州、马兰里

案例 42　达累斯萨拉姆市的停车供给管理

坦桑尼亚的达累斯萨拉姆市正在兴建快速公交系统，城市中心 13800 个路侧或路外停车场中的 1000 个将要被拆除。2007 年的一项研究对此进行了评估。

该项研究调查发现，市中心的停车位并不紧缺。工作日合法停车位的使用比例只有 77%，低于 85% ～ 90% 的合理比例。因此，研究结论为，现有停车设施可以满足快速公交项目的需要。但在中心商务区这样的“热点地段”，停车泊位占用率几乎达到 100%，很难找到空位子。针对这些区域提出了具体建议：

通常来说，道路以外的停车场并没有被充分利用，甚至在中心商业区，路边的停车泊位非常紧俏而车库中却有很多空位子。当地一家购物中心使用建筑顶部来停车。研究表明，该城市并没有意识到停车设施的经济潜力。在中心商务区，签约运营商负责征收 3676 个停车泊位的停车费，然而调查显示该地区有 5986 个停车泊位，多出 63%。除了当地政府和联合国车辆专用车位外，还是存在较大的缺口。一项针对单位停车泊位收益的分析表明，该市的停车收入只相当于 17% ～ 28% 停车率时的收入，大大低于城市所期望的合理目标。研究表明，当停车位使用率达到 85% 时，该市的月停车收入应该是现有 5000 万先令的 3 倍。

案例 43　停车政策与规章制度①

城市应减少停车空间。例如，避免将公共广场、街道、人行道和闲置土地纳入公共停车区，相反应开发由市政和私营部门经营的路外收费停车场。只有在道路足够宽时才允许提供路侧停车，确保不会阻碍交通，不会占用人行道，在制度和收费上都应给高价值出行者优先停车的权利。

最方便的停车空间应设法支持优先停车，可通过管理停车泊位使用者（如载货、运送、访客），调整时间限制（5min 停车区，邻近商店入口的 30min 停车，商业区路标 1h 或 2h 停车），

① 资料来源：可持续发展的交通：机动化管理模块二，发展中国家决策者资料汇编。Todd Litman，GTZ，http://www.sutp.org。

或通过调整价格（在最方便的停车区收取更高停车费以缩短停车时间）来实现优先停车。鼓励短时间停车，即超过规定停车时间几分钟也不需要支付额外的费用。2h 或更长时间的停车费，对于那些略微超过短时停车时间的人来说，收费过高了。一些城市如华盛顿特区、贝尔格莱德市实施等级停车收费，即第二个小时的停车收费高于第一个小时，第三个小时的收费高于第二个小时，依此类推。

停车制度可以促使现有停车泊位更有效地使用：

(1) 限制路侧停车的时间；

(2) 限制居民区内的居民使用路侧停车泊位；

(3) 限制大型车辆在路侧停车；

(4) 在特定路段、特定时间禁止路侧停车（如高峰小时禁止在主干道旁停车）。

小汽车使用者应直接支付停车费，通过设定价格让短时停车者更容易找到停车泊位，停车费还可以为交通项目提供资金。例如，路边停车往往被认为是最方便也最适合短期停车的场所，适合短时间购物和送货的人，而路外停车更适合通勤人员和居民，因此路边停车时间限制应比路外停车时间限制高。

例如，在波哥大实施了一项很成功的战略，即通过增加公共停车场停车费并且取消私有停车管理公司的收费限制来减少小汽车使用。获得的额外收入用于道路修护和改善公共交通服务水平（图 5-12）。

与免费停车相比，停车收费减少了 10% ~ 30% 的停车需求。通勤时的停车收费对减

图 5-12　波哥大停车改革前后对照

少高峰时段小汽车出行尤其有效。直接对驾驶人收取停车费是经济、有效、公平的方法。

地方政府的停车政策包括以下内容：

停车需求：在发展中国家城市中心区，由于停车收费，机动车保有量不高，又有多种交通方式可供选择，所以停车配建标准大于需求。如果停车配建标准能准确地反映停车需求，停车需求应减少 10% ～ 30%。密集型发展的城市中心区应选用较高的停车配建标准。在多模式出行方式（步行、自行车出行、公交出行）、可达性好的地区，停车需求相对较低，所以应鼓励高密度、填充式发展。

非捆绑停车：免费停车泊位通常是购买或租赁房屋时捆绑销售的。分开出售或出租停车泊位是公平有效的，因为大厦业主只需支付他们所需停车泊位的费用。

最大停车泊位：部分城市限制部分类型建筑物或特定区域的停车泊位供给。例如，西雅图市规定，市中心办公区的停车场最大不得超过 1000ft^2（1ft^2=0.0929030m^2），旧金山市规定建筑物配建停车场要限制在建筑物面积的 7% 以内。

其他替代停车收费方式：代收费是指开发商为市政公共停车场的修建投资，而非投资私人停车场建设。例如，开发商投资修建了一个拥有 50 个停车泊位、很多单位共用的停车场，而不是修建本公司专用的拥有 20 个停车泊位的停车场。

要求车主拥有路外停车泊位：一些限制停车供给的城市，如东京，要求居民在注册车辆时需证明拥有路外停车泊位。

自行车停放：新建场所需配备自行车停车场，在小区内允许自行车停车场取代最小机动车停车泊位。

建立停车信息系统：实时停车信息系统可以帮助驾驶人避免到处寻找停车泊位的情况（图 5–13）。这可与现金预约系统、按分钟停车收费系统等高科技手段相结合。

图 5–13　亚琛可停车时间标志，有效改善车辆寻找停车泊位引起的交通拥堵

执行：停车管理通常是由当地政府或私人企业负责以应对具体停车和交通问题。公共机构或咨询公司中的交通工程师和规划师通常负责发展停车管理规划。

发展停车管理规划的步骤如下。

（1）确定需要解决的问题（停车泊位紧张、交通拥堵、停车成本过高、步行环境恶劣等）及需要关注的地区。

（2）进行停车研究，包括：

①停车供给清单（公有 / 私有，路边 / 路外，长期 / 短期，收费 / 免费等）；

②停车使用研究（每种停车类型所占比例，如高峰时段）；

③未来停车供给与需求的变化；

④使用信息来确定何时何地停车供给不足还是过剩。

（3）寻找潜在解决方法。

（4）与所有相关者合作寻找最优模式。

（5）发展综合停车规划，确认政策、实践、任务、责任、预算、时间表中的变化。

5.2.3.1　新开发区的停车需求管理

通常规划章程应为过度的停车泊位供给负责，这些宝贵的土地可以用于居住或商业。大多数城市会要求新开发地区根据其项目所吸引的交通量设置最小停车泊位供给。例如，典型的美国停车管理制度会要求每 1000ft^2（93m^2）的建筑配备 4 个停车位，尽管每 1000ft^2 平均最高停车需求仅为 2 ～ 3 个停车泊位。设立最小停车泊位的目的是为了减少新开发项目对周围地区的影响。例如，附近的街道不会停满新居民或新员工的车辆。但是，最近的研究表明，这种措施会导致机动车保有量和使用频率增加，以及城市蔓延。

世界上，越来越多的城市废除了最小停车泊位供给要求，而用高于新停车需求的最大停车泊位供给要求取而代之。因此，从 20 世纪 90 年代开始，越来越多的城市开始规定最大停车泊位供给要求。像伦敦那样的大城市，交通拥堵问题非常严重，他们已经开始修改其停车政策来限制新开发建筑所带来的停车需求，也包括对交通枢纽停车泊位供给的限制。在某些情况下，市政府会把停车决策权交给开发商，这样的决策对市场更为敏感。

世界上很多城市都开始修改其最小停车泊位供给要求，减少新开发地区或旧城区改造所带来的新停车需求（表 5–3）。

修改后的最小停车泊位要求标准　　　　**表 5–3**

土地使用类型	通常的最低规定	修改后的标准
高级住宅	每处住所 2 个	每处住所 1 个
普通住宅	每处住所 1.5 个	每处住所 0.5 ～ 1 个
旅馆	每个客房 1 个	每个客房 0.5 个
零售店	每 100m^{2}5 个	每 100m^{2}2 ～ 3 个
写字楼	每 100m^{2}3 个	每 100m^{2}1 个
轻工业	每 100m^{2}2 个	每 100m^{2}0.5 ～ 1 个

新加坡的停车管理政策针对不同类型用地规定了不同的最小停车泊位要求。这是为了保证所有的建筑都通过配建停车场解决自身吸引的停车需求，而非使用路侧停车场，从而免除了交通管理部门的责任。例如，在城市地区，每 500m^2 的办公区需要配备 1 个停车泊位，而每 400m^2 的商业区就需要配备一个停车位。如果建设项目距离交通枢纽 200m 以内，则最小停车泊位供给要求会降低 20%，从而激励人们使用公共交通工具。如果开发商不能满足最小停车泊位供给要求，每缺一个停车泊位就会被处以一定罚款。交通管理部门可以使用这些罚款来建设中央停车场以满足大家对停车泊位的需求。除此之外，管理部门不会选择建停车场而是选择路边停车泊位收费，对于民用停车需求，则由开发商负责建设停车场。

案例 44　伦敦停车标准改革（图 5–14）①

19 世纪 50 年代，英国机动车保有量迅速增加，路边停车成为交通流量的最大限制阻碍。为避免拥堵问题，新建办公室和其他商务建筑被要求提供路外停车场。这个新标准要求开发商为每 165m^2 的办公空间配备 1 个停车泊位。随着伦敦中心商务区的快速发展，数以万计的新增非住宅停车场被修建，而没有考虑附近道路系统的承载能力。

因此，在 20 世纪 70 年代中期，中心商务区的停车泊位已经上升到了 57000 个，而外围区域则扩张到了 450000 个。这些停车泊位在 8 点至 10 点这两个小时内吸引了约占全天 40% 的停车需求，而每个停车泊位每天的平均周转率仅仅是 1。直至 20 世纪 80 年代，大伦敦委员会提出了更为严格的最低停车泊位配建标准来限制停车泊位供给的增加。

图 5–14　伦敦街道两侧红色区域——在任何时刻都不允许停车
（Andrea Broaddus，英国伦敦，2007 年）

① 资料来源：David Bayliss，http://www.civitas-initiative.org。

在 1996 年，伦敦规划顾问委员会建议进一步限制停车泊位供给。

（1）伦敦中心区：每 300 ～ 600m^2 供应 1 个停车泊位

（2）伦敦内部：每 600 ～ 1000m^2 供应 1 个停车泊位

（3）伦敦外部：每 1000 ～ 1500m^2 供应 1 个停车泊位

如果需要缓解拥堵压力，则需限制现有的停车泊位数量。20 世纪 70 年代，高峰时段有 57000 个停车泊位，现在有 50000 个左右。如果没有较强的经济激励措施，很难让这些私人非住宅停车泊位所有者将这些停车空间转为其他用途。

但是，可以肯定地说，限制停车泊位可以使拥堵条件下的小汽车出行量降低。在过去 20 年里，伦敦小汽车出行量增加了约 24%，而全国则增长了 64%。20 世纪 70 年代以来，全国范围内公共交通客运量下降了 10%，而伦敦的公共交通客运量却增加了 18%。

很多因素都使伦敦的小汽车出行量降低，其中包括公共交通系统服务水平的改善，停车政策也对降低小汽车出行量起到一定的作用。

5.2.3.2 非捆绑停车泊位

宽松的最低停车泊位供给标准、不收费的路侧停车泊位、执行力度较弱的停车限制政策，使得停车通常是免费的或是享受了高额补贴。停车不收费使得小汽车保有量和出行量提高。相比于停车收费而言，停车不收费会导致小汽车保有量增加 5% ～ 10%，小汽车出行率增加 10% ～ 30%。

居民住宅的停车泊位通常是与住宅单位捆绑在一起的，所以住户必须为规定数量的停车泊位支付费用，而不是根据业主实际需要的停车泊位进行支付。这种模式会增加住房和商业活动的成本，从而提高了商品和服务的价格。旧金山市的一项研究表明，不管公寓购买者是否拥有车辆，停车泊位会导致公寓售价提高 9% ～ 13%（Klipp，2004 年）。

新政策可以帮助纠正这一现象。停车泊位可以从住宅单元中分离出来，这样住户只需支付实际所需停车泊位的费用。例如，与其每月为配有两个停车泊位的公寓或办公室支付 1000 美元，不如直接每月支付房租 800 美元，并为每个停车泊位支付 100 美元的费用。这就使得租赁者能够选择其实际需要的停车泊位数量，并为减少停车需求和小汽车使用提供了经济激励。

由于很多大型公司企业拥有大型的停车场，所以小汽车成为这些公司员工的主要出行方式，这样会导致大量成本高昂的停车泊位空置。这些公司对小汽车出行者进行补贴，但是没有为选择其他交通方式的雇员提供足够的补贴。这是无效率的，也是不公平的，因为这会进一步促进小汽车出行并增加停车需求。

一项重要的停车管理措施是将停车补贴货币化，小汽车通勤者可以选择继续享有停车补贴或是放弃小汽车出行从而得到相当于停车补贴的货币补贴。通常情况下，如果一个雇员选择放弃小汽车出行而选择其他出行方式，他会得到 50 ～ 150 美元的现金补贴或其他补助。这种补贴可以是按时间比例发放的，即雇员按使用其他交通方式的时间获取相应的货币补贴。例如，他们每周两天选择其他出行方式，那么就可以获得全额补贴的 40%；如果每周 5 天选择其他出行方式，则可以获得全额补贴。

案例 45　荷兰 ABC 停车政策在海牙的应用[①]

荷兰 ABC 停车政策基于两个关键概念。

（1）邻近性原则：希望将出行起讫点尽量靠近；

（2）可达性：根据交通需求将特定发展项目（如新城区建设）建在适当的位置。

海牙的交通运输政策的总体目标是：

（1）减少私人小汽车的使用；

（2）提高市中心城区的可达性；

（3）提高城市的环境质量。

尽管这一理念限制了私人小汽车出行量，但是私人小汽车的作用还是不可忽视的。因此，交通规划的目标是要管理有限的停车泊位。与停车相关的 ABC 政策的主要目标是提高城市中心区的可达性并限制小汽车出行。海牙政府认识到办公建筑的停车需求是与其雇员人数紧密相关的。如果需求未知，那么每个雇员平均需要占用 $25m^2$ 的停车空间。而来访者的停车需求也是与雇员人数紧密相关的。

停车管制是 ABC 政策的组成部分。停车政策的主要特征包括：

（1）距公共交通设施最近的那些地区停车空间限制最严格，即“A”区域。

（2）“C”区域距公共交通设施最远，因此其停车限制也相对较宽松。

（3）“B”区域介于“A”区域和“C”区域之间。

停车的 3 项标准为：

A 区域——内城 / 在两个主要枢纽站附近，每 10 名雇员一个停车泊位。

B 区域——内城周边区域，每 5 名雇员 1 个停车泊位。

C 区域——其他区域，每 2 名雇员 1 个停车泊位。

ABC 区域停车政策可以应用于那些存在可达性问题并已经实行停车收费政策的城市地区。停车收费是至关重要的，因为停车政策只是对公司最多可提供的停车泊位进行了限制。如果在这个区域内停车不收费，那么公司可以忽视相关政策而把车停在这个区域的可用空间。海牙市对办公区的需求非常高，由此导致了停车收费区域的不断扩大及可达性的降低。ABC 区域政策在海牙市取得了成功。实行了停车区位政策之后，那些在公共交通设施周围的公司、企业就拥有了一定优势，因为他们有其他出行方式可供选择，并且这些措施也促使公司来考虑出行管理问题。

案例 46 和案例 47 介绍了达累斯萨拉姆和新德里所采取的停车管理措施。

案例 46　达累斯萨拉姆的停车泊位供给管理[②]

对于任何城市，停车泊位供给数量以及停车泊位管理都是最重要的特征因素。停车空间供给影响城市形态，如发展强度以及对行人的友好程度，交通系统特征以及城市财务预

---

① 资料来源：Tom Rye，http://www.eltis.org/studies。

② 根据《达累斯萨拉姆快速公交系统，停车管理最终报告》改编，Nelson/Nygaard 联合会以及交通和发展政策研究中心，2006 年。

算。基于上述原因，停车政策与该市快速交通系统（DART）的成功密切相关。

在达累斯萨拉姆，计划中的 DART 路线设计需要取消很多路边停车空间以及市政厅附近的很多非路边停车空间。达累斯萨拉姆的停车政策影响了城市运行的很多方面。

经济发展：虽然私人小汽车仅仅占出行比例的很小部分（小于 13%），但保持商业中心区的私人小汽车可达性是非常重要的，因为对决策者而言，中心商务区对经济贡献很大而且政治影响力很强。尤其是在所有主要区域实行 DART 政策以前，这种可达性考虑是非常必要的。CBD 可达性约束（如拥堵）已经显现，所以很多新的零售与办公区建设项目都选址在 Bagamoyo 路附近，削弱了中心商务区的区域地位。

车辆速度：在中心商务区的很多道路上，路侧停车是影响交通速度的惟一因素。停车使得有效的通行道路宽度缩减为 2m，限制了车流速度。为了降低行驶速度，很多道路都特别设有停车位置。

公共税收：路边收费每月可为市委提供大约 5000 万先令，或大概每年 600 万美元。更有效的管理可以进一步提高税收水平。

交通拥堵：达累斯萨拉姆市的路网容量有限，停车规划要与路网容量相协调。如果中心商务区没有新增路网容量，那么为通勤者提供再多的停车泊位也是没用的；这些停车空间仅仅会增加现有拥堵水平并降低 DART 的使用人数。Indira Gandhi 路的停车泊位会使交通流量下降，速度减缓。

DART 客运量：DART 最令人振奋的方面是它对城市大部分人口都很有吸引力，其中也包括较富裕的居民。但是，如果停车是免费的且不受限制，那么就缺少让人们使用 DART 而不是私人小汽车的激励。

行人的安全与舒适：在某些道路上，中心商务区停车区域为机动车和人行道之间提供了缓冲带，提高了行人的舒适度与安全性。但是在其他道路上，却发生了相反的情况，人行道被停车空间挤占，使得行人只能使用机动车道并阻碍驾驶人的视线。

城市设计：达累斯萨拉姆市中心区受益于其充满活力、有趣的道路设计，在中心商务区和 Kariakoo 区域，其空地区域是非常活跃的。但是，很多路外停车场已经占用了这些空地，最有名的就是穿越市政厅的大片区域。另外，PPF 地下停车场向人们展示说明停车空间可以融入到道路景观中去。JM 购物中心的入口处，一直在关键步行区域保留着连续的商业用地。

道路空间需求：达累斯萨拉姆市的街道有很多功能，如运输（汽车、公交车、行人和自行车）、交换（社会活动和街边小摊）、存储（路边停车）等。在中心商务区的很多街道上，道路空间不足以支撑所有活动，而那些被停车占用的空间则无法满足运输和交换需求。

案例 47　新德里的停车管理策略①

新德里于 2007 年进行了停车政策评估研究，并针对小汽车使用者增加的现实设计了相关政策措施。新德里人口约为 1500 万，属于高密度城市。已注册的私人小汽车使用者

① 资料来源："拥挤不堪：通过停车管理来实现转变"，科学与环境中心报告草稿，2007 年。

达到 400 万，2006 年新增 36 万辆机动车，平均每天增加 1000 辆，其增长的速度是 2000 年的 2 倍，已呈现指数增长趋势。目前，新德里停车空间已经非常稀缺，9 个主要商业区的停车设施已趋于饱和，不得不寻找并实施新的管理策略。

该项研究提出的停车政策建议包括以下内容：

提高现有空间的利用效率：

(1) 善用畸零空间（停车场边角空间、为开发使用的土地等），供小型车、两轮车和自行车使用。

(2) 在较宽的街道两侧，用侧方停车代替平行停车，减少空间占用。

(3) 科学地施划路侧停车标线，提高空间容量，用于非高峰时期停车。

(4) 在高峰时期推行代客停车。与车主自行停车相比，此举可节约 20% ~ 40% 的空间资源。

(5) 明确区分可全天使用和高峰时期禁止使用的路侧停车泊位。

设计服务于多层次目标的综合停车系统：

(1) 与公交换乘节点或商业中心外围的免费班车站点相整合，修建停车换乘设施。

(2) 这些设施可作为预备停车场，为大型活动或特殊事件提供停车空间。

(3) 出租车和三轮车可以作为分支系统，在停车换乘体系中发挥重要作用。

向使用者提供停车位管理信息：

(1) 建立公共信息服务系统，为公众提供停车位空置率、规章条例和收费等信息。

(2) 市政机关必须为其相应的辖区提供停车空间。

(3) 在 GIS 系统中标注停车场分布位置。

(4) 所有市政机关必须重新审核停车场开发合约和停车泊位快捷检索使用指南，以及服务于不同停车时间的电子咪表和其他设施规划。

提倡车泊位共享，最大限度地利用现有空间：

(1) 停车空间管理尽可能与公共空间管理标准相一致。

(2) 不鼓励设置个人专用停车泊位，提高停车设施周转率。

停车标准评价：

(1) 新德里发展规划局已对 2021 年的停车管理制度进行了审查，明确今后工作重点为加强执行力度和供给能力。

(2) 基于未来的停车供给标准，考虑需求的变化情况。

(3) 编制停车设施清单，评估现有停车模式，确定停车泊位短缺区域，据此制定专项措施、明确工作任务和责任主体，制定经费预算和进度安排。

(4) 制定停车泊位供给总量控制规划。

相关部门联合监管：

设置制度接口，协调跨辖区的停车收费、停车场管理、经营监管和停车执法问题。

加强监管力度：

交通管理部门需有效地落实各项停车管理措施，依法征收停车费，向违章者收取罚金。

尽管可供借鉴的高效 TDM 停车措施越来越多，发展中国家城市在解决停车问题时，还需要因地制宜地分析自身面临的特定问题。例如，印度尼西亚日惹市就发现非常有必要制定一种行之有效的协商策略，以解决市中心区非正规停车服务提供者的问题。具体内容见案例 48。

案例 48　日惹市与停车服务运营商之间的协商谈判[①]

印度尼西亚的日惹市中心商业区交通管理严重缺位，交通环境恶劣，道路非常拥堵、嘈杂。800 辆个体出租车和 1600 辆公交车组成的客运系统很少顾及乘客的舒适、安全。步行者、自行车及机动三轮车出行者的出行环境日益恶化，拥堵不断加剧，出行速度非常缓慢。一旦具有一定购买能力，人们就会选择购买机动车。整个城市呈现过度机动化的趋势，26 万辆私人机动车中，80% 是摩托车。此外，年久失修的道路网每日仍需容纳 1.5 万车次的交通流量。居民呼吸系统疾病问题日益严重，交通事故率在全国列第二位，仅次于雅加达中心区。三轮车乘客逐渐减少，人们不希望在危险的机动车流中穿梭。

随着街道两侧步行者的减少，小商贩也随之消失。为此，日惹欧波洛购物中心的销售额减少了数十亿印尼盾。商业区主要街道的小时客流由 7 万下滑到 2.5 万，即使在假日购物旺季情况也未好转。特别是在快速发展的地区，机非混杂的步行环境以及混乱的停车条件受到市民的严厉批评。

相关研究发现，步行环境的恶化很大程度上是由非正规赢利性停车场造成的。这些停车场占用了大量的步行空间。日惹市两个主要商业区内共有 270 名非法提供路侧停车服务从业人员。这些人每天可以赚取 1.5 万印尼盾，足以养家糊口。市政府曾尝试将这些人员纳入合法运营体系，转移安置到空置率较高的路外停车场工作。同时，这些人的月收入可以从 45 万提高到 250 万。但这项看起来非常完美的安置计划却在 2005 年遭到从业人员的示威抗议。

深入调查抗议原因，政府发现整个运营系统内部存在严重的相互勾结和违法交易现象。参与方包括停车服务提供者、停车场经营者、土地所有者以及当地官员。政府过分低估了非法停车的灰色收益。停车服务人员可以通过重复使用停车发票将其月收入提高到 50 万印尼盾。拥有 8 个停车服务人员的经营者月收入可以达到 100 万印尼盾。拥有一定权利的土地所有者每月可收到 100 万印尼盾的好处费。隐藏在执法系统背后的地区官员每月可从土地所有者处获得总计 50 万印尼盾的贿赂。总而言之，这种利益分配体系严重削弱了政府部门开展停车改革的动力。

该研究认为政府必须大规模解决这种犯罪行为链。最底端的停车服务提供者作为弱势群体，应在政府保护支持下从事合法的停车服务工作。

5.2.4　交通网格和分流

交通网格是一种降低车辆速度的交通管理技术。交通网格一般建立在郊区或城区。因此，车辆要穿越干道几乎是不可能的，必须绕行。交通网格的主要作用是使车辆行程更远，绕行增加，以降低小汽车的吸引力和便捷性（图 5−15）。修建交通分流结构是为

① 资料来源：“交通和停车改革中的问题：日惹市案例分析”，Cholis Aunorrohman，2005 年。

了阻隔街道或交叉口，使交通流量分流。交通环岛的修建可以强制车辆在通过交叉口时减速。

在20世纪60年代早期，布莱梅市被分成了4个交通网格。小汽车可以在交通网格内部通行，但如果要在交通网格之间穿行，必须使用特定的环线。行人、自行车和公交车可以直接在交通网格之间穿越。交通网格的应用使小汽车出行量大幅度下降，其他交通方式出行的人数明显增加。

哥德堡是瑞典的第二大城市，拥有约50万居民。在20世纪60年代后期，该市的历史中心被划分为5个交通网格。和布莱梅一样，小汽车在交通网格内可以自由通行，但要穿越交通网格时必须使用环线。行人、自行车和公交车可以直接穿越交通网格。虽然居民的小汽车拥有量增加了，但小汽车出行量减少了48%；此外，改善了行人和自行车出行环境（行人交通事故数减少了45%）及公交服务质量。

突桩被广泛用于分离机动车与非机动车，以及限制机动车进入特定街道。通常步行区用突桩隔离开，只有货车在特定时段才允许进入（图5–16、图5–17）。

图5–15 哥德堡的反向自行车道，小客车只能单向行驶，自行车可以双向行驶

图5–16 阿姆斯特丹的行人区，入口由可回收的突桩限制，但允许自行车进入

图 5–17　上海的行人区用突桩分离出来

5.2.5　交通安宁措施

交通安宁是一项旨在改善公众安全和公共健康的 TDM 措施。通过特定的规划设计或措施来降低某一区域的车辆运行速度和流量，提高非机动化出行的安全舒适性。小到局部道路的微小调整，大到道路网的综合改造，都可以成为交通安宁措施的技术手段。表 5–4 列举了部分方法。主要的交通安宁措施都在城区道路上实施，尤其是居民区。一般都是附近区域关注其安全性的居民要求实施这些措施。

交通安宁措施需要道路规划设计人员采用更加灵活多样的设计理念和标准，即应用综合敏感性设计方法。减速带是最常用的交通安宁措施之一，在某一区域的路面上平行铺设若干个沥青材质的突起物，车辆通过这一区域时必须减速。减速台与减速带类似，是一种水泥材质的坡面凸起物，面积较宽。另一种常用方法是通过在路侧添加各类凸出物（如绿化带等），收缩道路空间，强制车辆减速（图 5–18）。研究表明，经过特殊设计的道路景观和绿化带能够吸引更多的步行者，同时降低交通事故率，特别是在气候较为炎热的地区（图 5–19）。一般情况下，步行便道将一直延伸至交叉口，形成一个球状外凸区域。此外，一些城市也会通过添加各种曲线附属物将直道改为弯道。表 5–4 中列举了部分交通安宁策略和设施。

交通安宁策略和基础设施[①] **表 5–4**

类型	描述
路缘外扩，形成“窄口”	外扩路缘、设置绿化带和中央交通岛，以收紧路口、降低车速和流量，同时缩短行人过街时间，也叫做“节流路”
交叉口减速台	设置高出路面的斜坡面，高 7 ~ 10cm，长 3 ~ 6m
小型环岛	在交叉口设置小型交通环岛
中央分车岛	在道路中心或中线地带设置高于路面的交通岛，分流车辆、缩减路宽，为行人提供安全的驻足区
渠化岛	设置高于路面的交通岛，强制车辆向特定方向行驶，如禁左车道等
减小转角半径	街道转角半径影响车辆转弯速度，较小的半径将强制驾驶人降低车速；对行人流量较大的交叉口作用明显
减速丘	设置于道路上突起的圆形设施，坡面高 7 ~ 10cm，长 3 ~ 4m
振动带	车辆穿越街道较低的隆起物时会引起噪声
减速弯	在街道两侧设置高于路面的缘石或绿植（通常 3 个），强制车辆减速
环形交叉口	在交叉口引导车辆沿弧线行驶（Kittelson，2000 年）
特定路面铺装材质	选用特殊路面铺装材质（粗糙物、砖石等），铺装纹理异于普通路面，易于辨识
自行车道	明确标识自行车道，缩减机动车道空间
“道路瘦身”	减少城市道路，特别是主要干道的车道数量和宽度
水平转向中线	设置引导车辆左转或右转的车道中线
2 合 1 车道	高于路面的缘石或中央岛将 2 条车道缩减为 1 条车道，强制不同方向的交通流转弯
路口转向半封闭设施	社区进出口限制车辆行驶，在交叉口限制交通流
街道全封闭设施	在交叉口设置禁行设施，禁止穿行车辆通过
新传统型街道设计	降低车道宽度标准，设计小型街区和 T 形交叉口，引入其他能够控制车速和交通量的设计元素
易于辨识的标志、标线系统	在路面施画鲜明彩色标线，以及其他易于驾驶人辨识的减速标志
行道树	在街道沿线种植树木，打造绿树茵茵的氛围，改善步行环境
生活化道路	“生活化街道”，机非混合的居住型街道，严格限制机动车的行驶速度
限速措施	交通减速项目，加大对超速驾驶行为的惩罚力度

图 5–18 布鲁塞尔的交通安宁措施，收缩路口、减速带、突桩和斑马线相结合降低车速，提升行人安全性

图 5–19 剑桥喷涂环形交叉口标志以最低成本引导车辆降低速度

① 资料来源：托德·利特曼（Todd Litman），在线 TDM 百科全书，http://www.vtpi.org/tdm。

案例 49　交通安宁措施——环形交叉口[①]

环形交叉口是指在交叉口修建环岛，引导交通流按照一个方向旋转运行。许多较早修建的环形交叉口主要是作为放置喷泉或雕像的地点，对交通问题考虑较少，导致设计特征和交通规则不同，造成交通冲突和事故。因此，交通工程技术人员几十年里都不再设计环岛。

20 世纪末，交通工程组织编制了环形交叉口设计标准和管理实践，以使交通效率和安全性最大化。这些措施称作“现代环形交叉口”。

（1）入口服从规则：交通车辆进入环形交叉口后须避让绕行交通流，防止交通阻塞，保证顺畅运行。

（2）分流岛：进口车道处设计一个小分流岛，再次强化“入口服从规则”并使车辆减速。

（3）限制尺寸：现代环形交叉口通常仅有一条车道，最多不超过两条车道。

另外，还有一些小型环形交叉口，位于当地交叉口的小型交通环岛。它们仍要求入口服从规则，但没有交通分流岛。

研究表明，与其他交叉口设计相比，环形交叉口能够减少车辆停靠和延误，降低车速，提升安全性。它们也可以作为美化街道的装饰品。交通工程师和规划者再次促进了环形交叉口的发展，使其成为一个重要的交通安宁工具，在世界范围内得到越来越普遍的应用。为了最大程度地提升安全性和贯通性，环形交叉口设计（以及现有环形交叉口改造）需遵循现代环形交叉口原则。

5.2.6　非机动车交通规划

TDM 措施的目的在于提高步行、自行车出行、公共交通出行的分担率，并确保新增长模式有利于上述交通方式的发展。这些措施包括街区道路设计规范、信息服务和街道景观设计等，它们都可以提高自行车出行和步行的舒适度。

街道设计标准应是自行车和步行友好型的。美国发起了一项“完整街道”运动，指出：居民区缺乏人行设施，许多商业区缺少自行车道和自行车停车场。发展中城市应该在开始设计“完整街道”时就考虑到为自行车、步行提供良好的出行环境，而不是后期花费大量资金进行改造。

非机动车交通规划的关键环节是规划的实施过程。应邀请社区中经常使用自行车、步行的居民共同参与规划实施工作，因为他们更加了解该社区自行车出行、步行环境中存在的问题。其基本过程如下[②]：

（1）组建项目组和非机动车交通任务委员会；

（2）选择需要改善的区域；

（3）制订现有规章制度和现状问题清单；

（4）制订规划方案和优先级别；

（5）选择和设计相关设施；

① 资料来源：托德·利特曼（Todd Litman），在线 TDM 百科全书，http://www.vtpi.org。

② 摘自《可持续发展交通》3d 分册。

（6）措施实施后的效果测试。

案例 50　图卢兹市公共空间行人和自行车出行环境改善

2007 年，图卢兹为准备其第二条地铁线路的开通，在市中心实施了一系列配套行动和机动性改善措施。其目的是建立私家车和货车限行系统，为行人重新分配公共空间，并给予自行车及公共交通工具道路行驶优先权。

在市中心重新设计公共空间的措施有：

（1）促进流通和公共交通使用的便捷性；

（2）地铁站点具有较高的步行可达性；

（3）为行人和自行车重新分配街道空间，在所有新建地铁车站安装自行车停车设施；

（4）为货车开辟专用车道。

案例 51　地图和指路标志

一项成本并不高昂但常常被人忽视的 TDM 推动措施是提供自行车和步行线路信息。大多数城市出版的地图旨在帮助驾驶人找到其行驶线路，但是这些地图可能不会标明公交站点的位置。越来越多的城市正在出版专门的自行车地图，上面标明了自行车设施和线路。由于自行车驾驶人经常暴露在不良天气下，有些地图是防水的。

帮助行人和驾驶人辨识出行路线的线路标识，使步行环境更加友好。它们经常被设置在交叉口和人行道及多方式轨道沿线上，这些标志给通勤者明确的指引，尤其是给予旅行者以帮助，深受旅游者的欢迎（图 5–20）。

（a）自行车道沿线的地图和标志使人充满安全感（Andrea Broaddus，德国波恩，2000 年）

（b）布鲁塞尔的指路亭
（Andrea Broaddus，
布鲁塞尔，2000 年）

（c）城市的地图和寻路标志通常被旅游者使用
[Andrea Broaddus，荷兰阿姆斯特丹，2007 年]

图 5-20 线路标志帮助行人和驾驶人辨识出行路线

案例索引